【監修】
早稲田大学教授
梅永雄二
＋
スマートキッズ療育チーム

発達障害の子どもたちのための お仕事図鑑

子どもたちの「やってみたい！」を引き出すキャリア教育

唯学書房

まえがき

　平成11年、文部科学省の中央教育審議会答申において初めて「キャリア教育」という用語が登場し、それ以降、学校教育には、子どもたちに学問だけを教えるのではなく、将来働くことを見据えた教育が求められるようになりました。そうした変化によって、子どもたちには勤労観や職業観を確立する機会が与えられ、「生きる力」を身につけられる機会が増えました。ところが、発達障害がある子どもたちへのキャリア教育はまだまだ不足しているのが現状です。

　障害があっても働く喜びを感じることはできますし、どのような仕事であっても仕事を通じて自分が社会の一員であることを感じることができるのです。私たち大人は子どもたちがその喜びを得られるよう、できる限りのサポートをする必要があると考えます。私たちはそんな思いで、本書の執筆にあたりました。

　本書の第3章には「RIASEC」（第2章にて解説）という職業分類に基づいた、発達障害の子どもたちのためのお仕事図鑑を載せました。中には、自分の子どもには難しいだろうと思われる方もいらっしゃるかもしれません。

　私たちが本書の中で子どもたちに伝えたいのは、「できるかどうか」ではなく「やってみたい」という思いを持ってもらいたいということです。そのためには、保護者のみなさまや周りの大人が、キャリアについて子どもたち自身が考えていくためのきっかけを与えたり、環境づくりをしていく必要があります。そして、子どもたちが無限に持つ夢や可能性を早いうちから広げて、子どもたちの個性を見極めながらサポートしていくことが大切です。

　本書が、発達障害のある子どもたちにとって、主体的に自分自身のキャリアを考えていくきっかけとなれば何よりの喜びです。

Contents

まえがき ……………………………………………………… i

第1章 就職につながる進路選択 …………………………… 1

① なぜキャリア教育が必要か …………………………… 2
―― 「苦手がある子」は卒業後・就職後に苦しむ

就労と就労継続という2つの壁 ▶ 2
仕事に必要なスキルと仕事を続けるために必要なスキル ▶ 3
ソーシャルスキル・ライフスキルの考え方 ▶ 6
大人になる前に気づいておきたいこと ▶ 8

② 進路を決めるにはどうすればよい？ ………………… 11

本人の意思を確認する ▶ 11
できること、苦手なことを確認する ▶ 12
進学するメリット、デメリット ▶ 13
就職するメリット、デメリット ▶ 14

③ 進学する場合の選択肢 ………………………………… 16

学齢期の進学の全体像 ▶ 16
特別支援学校の取り組みについて ▶ 18
特別支援学校の具体的な取り組み ▶ 20
自治体独自の取り組み ▶ 22

④ サポート機関を活用しよう 25

まずは学校が一番身近な相談相手 ▶ 25
仕事を探すときは ▶ 25
就職や会社で困ったときの相談は ▶ 26
──自分に向いている仕事は？ 就職に向けて必要な準備は？ 会社に求める配慮は？
技術・技能を身につけたいときには ▶ 26
何か困ったことがあれば ▶ 28

⑤ いろいろな就労の形 29

一般就労 ▶ 29
障害者雇用 ▶ 29
ジョブコーチ ▶ 30
就労移行支援 ▶ 30
就労継続支援A型 ▶ 31
就労継続支援B型 ▶ 31

⑥ 小中高校のうちから取り組みたいキャリア教育 32

仕事とのマッチングを探るには十分な時間と十分な体験が必要 ▶ 32
小学生のうちにやっておきたいこと ▶ 33
中高生のうちにやっておきたいこと ▶ 34

⑦ 就職先・進学先を選ぶにあたって 36

本人が注意すべきこと ▶ 36
周囲に伝えておくべきこと ▶ 36

第2章 自分のキャリアについて考えてみよう … 39

① ジョブマッチングに必要なこと … 40
- 適切なジョブマッチングに必要なこと ▶ 40
- 自分に合った仕事を選ぶ ▶ 40
- 専門家の支援の必要性 ▶ 40
- 発達段階とキャリア ▶ 41

② 仕事を理解する … 42
- まずは仕事を知る ▶ 42
- 発達障害と就労意識 ▶ 42
- 職業の種類 ▶ 42
- 産業の分類 ▶ 43
- 事業所を知る ▶ 44
- 勤労観と職業観を育てる ▶ 45

③ 自己理解① 自分の興味・関心を理解する … 46
- 自分の興味・関心を理解する ▶ 46
- 6つのパーソナリティ・タイプ ▶ 46

④ 自分の興味・関心から向いている仕事を考えてみよう … 50
- 興味・関心から見た適職判断 ▶ 50
- 適職の例 ▶ 51
- 興味・関心だけではない仕事選び ▶ 51

⑤ 自己理解② 自分の特性を知る … 52
- 自己理解として大切なもう一つの視点 ▶ 52
- 職業選びのときに考えたい5つのポイント ▶ 52
- 職場環境により異なる、その他の特性 ▶ 54

第3章　お仕事図鑑 ... 57

現実的タイプの仕事（Rタイプ） ... 59
農家／漁師／料理人／大工／トリマー／自動車整備士／清掃員／電車運転士

研究的タイプの仕事（Iタイプ） ... 69
医師／薬剤師／臨床検査技士／測量士／システムエンジニア／生産・品質管理技術者／アナリスト（証券アナリスト）／海洋学研究者

芸術的タイプの仕事（Aタイプ） ... 79
声優／カメラマン／お笑い芸人／ゲームクリエーター／イラストレーター／ファッションデザイナー／建築士（建築家）／小説家

社会的タイプの仕事（Sタイプ） ... 89
マッサージ師（あん摩マッサージ指圧師）／ウェイター・ウェイトレス／ヘルパー／看護師／保育士／警察官／美容師／テーマパークスタッフ

企業的タイプの仕事（Eタイプ） ... 99
ショップ店員／営業部員／カーディーラー／ソムリエ／コンシェルジュ／電話オペレーター／裁判官／スポーツ選手（チームスポーツ）

慣習的タイプの仕事（Cタイプ） ... 109
倉庫作業員／事務員／秘書／図書館職員／ライン作業員／車掌／宅配便配達員／航空管制官

第4章 当事者インタビュー ... 119

- **Case 1** 高森さんのケース——障害者支援 ▶ 120
- **Case 2** ナルヲさんのケース——CADオペレーター／テクニカルイラスト作成 ▶ 123
- **Case 3** 高橋さんのケース——歯科技工士／エキストラ ▶ 126
- **Case 4** 村上さんのケース——言語聴覚士 ▶ 128

付録 お仕事カード ... 131

第1章
就職につながる進路選択

1 なぜキャリア教育が必要か
──「苦手がある子」は卒業後・就職後に苦しむ

就労と就労継続という2つの壁

◆発達障害のある大学生の就職率

　日本学生支援機構によると、2015年度の大学生の就職率は94％となっています。しかし、障害がある学生の就職率は50％であり、発達障害に絞ると30％となってしまいます。このように、発達障害がある人たちは大学までの学校教育では受身の対応で何とか適応できたものの、就職といった主体的に活動しなければならない状況では、困難を伴っているのが現状です。

◆発達障害者の離職理由

　図表1-1をご覧ください。これは、一度就職した発達障害がある人の離職理由です。

　発達障害がある人は、就職が困難なだけではなく、就職後離職する人が多く職場定着も難しいのが現状です。図表1-1からわかるのは、離職理由として仕事そのものができないというよりは、「人間関係で問題を抱えた」「雇用主に自分の障害を理解してもらえなかった」「普通の人の感覚を身につけさせようとされ精神的なダメージを受けた」「『障害など関係ない、努力してなおせ』といわれ重圧になった」「会社でいじめを受けた」「人間関係のややこしさ、指示の多さにパニックを引き起こした」など対人関係がうまくいかず離職に至っているケースが多いことです。

◆ハードスキルとソフトスキル

　職業リハビリテーションの専門用語では、仕事そのものの能力のことを「ハードスキル」といいます。それに対し、対人関係や日常生活能力など仕事と直接関係はないものの、それらの能力が確立されていないと仕事そのものに影響を与える能力のことを「ソフトスキル」といいます。発達障害がある人は、このソフトスキルに課題を抱えていることが多く、これが就労上のトラブルの原因となっているのです。

　このソフトスキルというのは、小さいときから身につけておくべき日常生活能力（いわゆる「ライフスキル」）と重なるものが多くあります。たとえば、いくら仕事ができる人でも毎日職場に遅刻していくようでは解雇されてしまいます。つまり、この

図表1-1　発達障害がある人の離職理由

人間関係で問題を抱えた
雇用主に自分の障害を理解してもらえなかった
普通の人の感覚を身につけさせようとされ精神的なダメージを受けた
「障害など関係ない、努力してなおせ」といわれ重圧になった
会社でいじめを受けた
会社の業務、人間関係ができなかった
仕事をするのが遅いので向かなかった
自分に合わない仕事だった
仕事の技術面で追いつかなかった
人より時間がかかった
簡単な作業ができなかった
期待に応えようと頑張ったが疲れた
人間関係のややこしさ、指示の多さにパニックを引き起こした
自分の能力では手に負えなかった
自分のペースで働けなかった
リストラにあった
ストレスと体力的に続かなかった
仕事のレベルアップができなかった
いじめにあったり、無視されたりした

（梅永、2004）

ようなライフスキルを身につけておくことが将来の就労生活を含む社会参加にきわめて必要となるのです。

仕事に必要なスキルと仕事を続けるために必要なスキル

◆ ソフトスキルと関連するライフスキル

　仕事に必要なスキルとして、仕事そのもののスキルである「ハードスキル」だけではなく、日常生活能力などの「ソフトスキル」も重要です。このソフトスキルは、小さいころから身につけておくべき「ライフスキル（日常生活能力）」と重複しているケースが多いことは先に述べました。

　それでは、このライフ（生活）をする上での必要なスキル（能力）とはどのようなものなのでしょうか。発達障害がある子どもが成人し、親元を離れて生活する場合の例を挙げて説明しましょう。

◆ 個別のライフスキルチェックリストを作成

　ライフスキルチェックリストは、単なるチェックリストなので、必ずしもそのスキルを獲得しなければならないというものではありません。したがって、その人にとって「そのような活動がありうるだろう」というものをリストアップします。こうして作られるチェックリストは、その人が居住する地域やさまざまな環境によって異なるため、「個別のライフスキルチェックリスト（ILSC：Individualized Life Skills Checklists）」と呼ばれています。

　図表1-2は、学校を卒業し親元を離れて一人暮らしを始めた場合に、日々行うと考えられる活動の一例です。

　図表1-2の日々のライフスキルは、高校（あるいは大学等）を卒業し、就職して一人暮らしをした場合の一例にすぎません。したがって、「10.交通機関を利用する（車の場合は運転をする）」などは、首都圏では交通機関が発達しているので、電車や地下鉄の利用が念頭におかれますが、地方では自動車運転免許を取得し、自分で車を運転することもライフスキルの一つとして重要になってきます。

◆ 1週間、1ヵ月、1年のライフスキル

　図表1-3は1週間のライフスキルです。1週間には土、日があるため余暇活動も大切なライフスキルとなります。わが国では、余暇は「余った時間」と捉えられているため、あえて余暇を指導するというようなプログラムは少ないのが現状です。しかし、発達障害がある人たちにとっては、適切な余暇を獲得していなかったために、思わしくない非社会的な活動に手を染めてしまうこともありうるのです。したがって、彼らのニーズにあった適切な余暇スキルを身につけておくことが望ましいわけです。

　項目4～6にある「洗濯」「ゴミ出し」「掃除」などの家事を学習していないために、家がごみ屋敷になってしまう場合も少なからず存在しています。そのため、1週間の活動を行わなければならないものとしてスケジュール化しておくのも有効です。

　また、爪切りなどの身だしなみも、1週間のスケジュールとしてリストアップしておくことが望まれます。

　図表1-4、図表1-5は1ヵ月および1年のライフスキル、図表1-6はその他のライフスキルの一例です。

　余暇スキルなどが典型的ですが、以上のようなライフスキルは、人によって興味や関心が異なります。したがって、先に述べたように居住する地域や必要とされる活動などによって個別にライフスキルを検討する必要があります。その中で、必要のないライフスキルはカットしたり、逆に必要のあるライフスキルはつけ加えるなどのメン

図表1-2　日々のライフスキル

1. 朝決まった時間に自分で起きる
2. 顔を洗う
3. 朝食を取る(自炊の場合は調理や片づけを行う)
4. 歯を磨く
5. (男性の場合)髭を剃る
6. (女性の場合)化粧をする
7. 髪をセットする
8. 適切な服に着替える(靴、靴下も含む)
9. 家に鍵をかける
10. 交通機関を利用する(車の場合は運転をする)
11. 遅刻をせずに適切に職場に着く
12. (会社によっては)タイムカードを押す
13. (場合によっては)適切な職場の衣服に着替える
14. 上司、同僚に「おはようございます」と挨拶をする
15. 昼食を取る
16. お昼休みに適切な余暇を過ごす
17. (会社によっては)仕事が終わった後にタイムカードを押す
18. (場合によっては)自分の着てきた服に着替える
19. 場合に応じて残業をする
20. 仕事が終わった後に「失礼します」と挨拶をする
21. スーパーやコンビニで買い物をする
22. ATMを利用する(電子マネーにチャージをする)
23. 帰宅したら手を洗う
24. 夕食をとる(自炊の場合は調理し、食器を洗う)
25. 入浴する(洗髪も含む)
26. パジャマなどの部屋着に着替える
27. テレビを見たりCDを聞いたり(ゲームや読書をして)余暇を楽しむ
28. 寝る前に歯を磨く
29. 適切な時間に就寝する

図表1-3　1週間のライフスキル

1. 土、日に適切な余暇を楽しむ
2. 爪を切る
3. 必要なものをまとめて買う
4. 洗濯をする(コインランドリーを使う)
5. ゴミを出す
6. 掃除をする

図表1-4　1ヵ月のライフスキル

1. 散髪や美容院に行く
2. 部屋代、携帯・電気・ガス・水道代を支払う（銀行引き落としに設定しておく）
3. （旅行、コンサートなどの）余暇を楽しむ

図表1-5　1年のライフスキル

1. 歯医者に行く
2. 健康診断を受ける
3. 車を利用している場合は点検を受ける

図表1-6　その他のライフスキル

1. 必要に応じて病院にかかる
2. 給与を適切に分けて使用する
3. 貯金をする
4. 高額なもの（テレビ、冷蔵庫、エアコンなど）を計画的に購入する（親や支援者と相談し、購入する）
5. 新聞の勧誘や宗教団体、他の商品の勧誘などを適切に断る
6. 近所の人に挨拶をする
7. 必要に応じた買い物（メガネやコンタクト、医薬品など）をする
8. 何か問題が生じたときに親や支援者に連絡する
9. ストレスや嫌なことが生じたときに自分で気分を落ち着かせる
10. その他必要に応じたライフスキル（緊急時の対応など）を行う

テナンスが必要となってきます。

　このようなライフスキルは、職業的自立の基盤として身につけておく必要があるわけですが、そのようなスキルが身についていないために離職してしまう発達障害者が多いのも事実です。

ソーシャルスキル・ライフスキルの考え方

　成人期になると、「大人としての社会性が必要」だといわれるようになります。しかし、社会性とは具体的にどのようなことをいうのでしょうか。場面緘黙という障害は、自宅では兄弟たちと大きな声をあげて遊んでいても、一歩外に出るとまったくしゃべらなくなるという情緒障害の一種です。たとえば大人になったとき、職場の同

僚や上司との人間関係において、まったくしゃべらなければ、「社会性がない」といわれてしまいます。逆に、アスペルガー症候群の人の中には人の話を聞かず、一方的にしゃべり続ける人もいます。この場合も決して社会性があるとはいえません。

それでは社会性とは一体どのようなことをいうのでしょうか。

◆ソーシャルスキルとASDの定義

「ソーシャルスキル」を電子辞書で調べてみると、「その場の雰囲気がわかること」「自分の発した言動を相手がどのように受け取るかを想像すること」「自分の考えを上手に相手に伝えることができること」と記されています。

一方、自閉症（Autism Spectrum Disorder：以後、ASD）の定義を国連WHOにおける国際疾病分類ICDで見てみると、「相互的社会的関係の障害、言語的コミュニケーションの障害、限局した反復的な行動」となっています。また、アスペルガー症候群は「関心と活動の範囲が限局的で常同的反復的であるとともに、自閉症と同様のタイプの相互的な社会的関係の質的障害」とあります。

つまり、ソーシャルスキルを高めるということは、定義されるASDの特性を完全に乗り越えていかなければなりません。これは、他の障害にたとえてみれば、「脊髄損傷の人に立って歩く訓練を」「視覚障害がある人に見る訓練を」「聴覚障害がある人に聞く訓練を」強いることに等しいのではないでしょうか。

したがって、ソーシャルスキルを獲得することは望ましいことですが、対人関係に絞ったソーシャルスキル・トレーニングは、ASDの人には限界があるのも事実です。

◆ASD者に対人関係トレーニングを行った際のトラブル

ソーシャルスキル・トレーニングは、わが国では「対人技能訓練」というかたちで、統合失調症の寛解者（症状が治まっている人）には効果があることが証明されています。しかしながら、あるアスペルガー症候群の女性に「買い物スキル」を指導したところ、30万円の化粧品を買わされた例がありました。また別のASDの男性は「友だちの作り方」を指導され、新興宗教の団体に入らされたり、万引きの仲間にされたというケースもありました。さらに、「消費者金融に連れていかれて契約書に判子を押された」「訪問販売で高額のものを買わされ自己破産をした」という例もあり、必ずしも獲得した対人関係スキルが成人社会の場面でうまく般化できないという現状もあります。そのようなトラブルに巻き込まれた原因を確認したところ、「何をどのようにしたらいいかわからなかった、見通しがもてなかった」ということでした。

自立とは、「何でも1人ででき、人に頼らずに生きていくこと」ではありません。

発達障害がある人がどのようなことに困っていて、どのような支援ニーズがあるかを確認し、そのニーズに対して適切なサポートを受けることによって自立することも間違いではありません。できないことは人に頼ることも必要なのです。

◆ ライフスキル（生きていく術）を考える

　ソーシャルスキルの中には、対人関係のみではないさまざまなスキルもあります。しかしながら、わが国では対人技能訓練がメインとなっているきらいがあります。対人関係が不得手なASD者が限界的なソーシャルスキルしかもっていなくとも、大人になればインクルーシブな社会で生きていかなければなりません。そう考えると、社会に必要かつ彼らが獲得できるスキルを再検討する必要があるでしょう。

　それでは、ライフスキルとは具体的にどのようなスキルなのでしょうか。基本的にライフ（生活）する上で必要なスキル（能力）を考えると、成人し、親元を離れて生活する場合の活動をチェックすることによって理解できます。すなわち、大人になって日常的に行う活動をライフスキルと考えるとわかりやすいのではないでしょうか。

　「仕事に必要なスキルと仕事を続けるために必要なスキル」の項で述べたように、大人になって日常的に行う活動を成人期に必要なライフスキルの一つと考えてもいいと思います。

大人になる前に気づいておきたいこと

　障害の有無に限らず、大人になって仕事に就くには職業適性を考えなければなりません。職業適性では、その仕事ができるかどうかの職業能力が重視されます。しかし、仕事に就くということは、職業能力だけではなく、その仕事に興味・関心があるかどうかや性格傾向、行動傾向も関連してきます。また、その仕事に対する価値観も大きく関係しています。仕事によって得られる報酬は、経済的自立を果たすための基盤となるため、大きな要素であることには間違いありません。しかし、お金のためだけで仕事に就くわけではありません。「その仕事をしたい」というニーズを大切にしなければなりません。

◆ ソフトスキルとライフスキル

　「就労と就労継続という2つの壁」の項で述べたように、発達障害がある人の就労上の課題は、仕事そのものの能力であるハードスキルよりも仕事以外のソフトスキル

図表1-7 職業生活に必要な能力のヒエラルキー

```
        職務遂行能力
       （ハードスキル）

       職業生活遂行能力
       （ソフトスキル）

        日常生活能力
       （ライフスキル）
```

の部分が大半を占めます。このソフトスキルという用語は職業リハビリテーションの専門用語ですが、ソフトスキルに含まれるスキルの多くが、小さいときから身につけておくべきライフスキルと重なります。

　図表1-7をご覧ください。この図は、大人になって職業的自立を果たす際に必要なスキルの階層構造です。「仕事に就くこと」を考える際に、上段の職務遂行能力（ハードスキル）に注意が注がれがちです。しかし、先に述べたように「遅刻をせずに職場に行く」「職場環境に合った適切な服装をする」などの職業生活遂行能力は中段にあるソフトスキルに該当するものであり、同時に小さいときから身につけておくべきライフスキルでもあります。そして、下段の日常生活能力（ライフスキル）は、「遅刻せずに職場に行くために前日に早めに就寝する」「職場に合った適切な服装をするために前日までに（職場によっては）ワイシャツにアイロンをかけたりクリーニングに出しておく」など、日常生活をスムーズにおくるためのスキルです。これらも、小さいときから身につけておけば将来につながるスキルだといえるでしょう。

　では、具体的に「大人になる前に気づいておきたいこと」とは何でしょうか。まず第一にきちんとした身だしなみを整えること、そして自力で乗り物を利用して移動できること（将来の通勤につながるので）、ついで、金銭管理が挙げられます。これは、単にお金の種類がわかり、買い物ができるというだけではありません。大人になってローン地獄に陥って自己破産する人の中に、発達障害がある人も多いのです。したがって、所有している金額で適切な買い物をするという練習をしておくことも大切です。この金銭管理とつながるのが、地域参加・余暇活動です。余暇は生きていく上で

とても大切なQOL（Quality Of Life：生活の質）なのですが、わが国では教科教育ほどにはきちんと指導されていません。余暇が充実している人ほど仕事もできるといわれるように、本人の楽しめる余暇を適切な金銭管理と関連して身につけておくことが必要です。

また、将来的に一人暮らしができるように、朝自分で起きる、歯を磨く、きちんと体を洗うなどの日常生活での活動や、炊事・洗濯・掃除などの家事ができると将来大いに役立ちます。それと、意外と見過ごされがちなスキルが健康管理スキルです。学歴の高い人の中でも発達障害がある人は、自分の体調が悪くなった際にうまく説明できない人がいます。そして、40度の高熱があっても職場に行こうとする人もいるのです。自分の健康を自分で管理できるようなスキルも身につけておくべきです。

さらに、子どものときにはあまり意識されない問題ですが、犯罪に巻き込まれたり、知らない間に犯罪を犯してしまうといった法的問題も早期に指導し、身につけておくことが望まれます。

そして、最も大切なスキルが対人関係スキルです。しかしながら、ASDの人がソーシャルスキル・トレーニングを行って、対人関係を身につけるということには限界があります。したがって、ある程度パターン化したマナーやルールとしてスキルを学習し、できないところは人に援助を求めるといったスキルも場合によっては必要です。

最後に、適切な進路選択も検討しておくべきです。不登校やひきこもり、非行などは、子どもの特性に合わない家庭での子育てと、学校教育によって引きおこされることが多いため、彼らの興味・関心にあった進路を早期から検討し、できるだけトラブルのない進路を検討しておくべきです。

2 進路を決めるにはどうすればよい？

本人の意思を確認する

　進路を決める際に最も大切なのは本人の意思です。ただ、多くの発達障害がある児童生徒は、進路に対して明確な意思を持っているとはいえません。それは、進路に関する情報を所有していないからです。

　キャリアとは経歴（その人が経験してきた学業・職業・地位などの事柄）のことです。厚生労働省によれば「時間的持続性ないしは継続性を持った概念」とされています。したがって、キャリア教育には就労だけではなく、その前段階での大学や専門学校も含まれています。

　そう考えると、就職だけではなく進路選択においても本人の意思を確認する必要があります。そのためには、進学する専門学校や大学・短大などの教育内容を前もって知っておく必要があります。近年大学では、インターネットなどで模擬授業を提供しているところもあり、それを利用すれば大学の様子がわかります。また、オープンキャンパスなどで実際に大学に出向いて情報を得ることもできます。さらには、体験入学を許可している大学や専門学校もあります。このように、実際の中身を知ることで、進路選択をする際に自分の意思を示すことができるようになるわけです。

　就職に際しても同様で、実際にその企業、その職場をよく知る必要があります。企業に関してもインターネットで基本的な概要を把握することができますが、やはり実際に赴いて企業の雰囲気を肌で感じることが大切です。そして何より企業実習を自ら受けてみることで、仕事のハードスキルの側面だけではなくソフトスキルの側面も把握することができます。

　実際に働いてみることにより、「この仕事は自分ではできるけどあまり興味がない」、あるいは逆に「まだ能力的には十分ではないけどこの仕事で頑張ってみたい」というニーズアセスメントをすることができます。また、その職場へ行くための通勤経路や同僚・上司の意識、合理的配慮がどの程度まで可能なのかなども体験を通して判断できます。

　職場体験については、ハローワークにおける発達障害がある人を対象とした就労支援制度の中に、10日間程度の職場実習制度や就職前3ヵ月間の職業能力開発、あるいは職場適応訓練制度などがあります。

就職については、離職が大きな問題となっています。そして、離職要因の最たるものが不適切なジョブマッチングです。このミスジョブマッチングといわれるトラブルは、本人が仕事に対するニーズを把握できず、その結果モチベーションが低下してしまうことなどが関連しているといわれています。

したがって、実際に体験し、「この仕事が好きだ」「この仕事ならやってみたい」というニーズを支援者が把握することにより、就職だけでなく就職後の職場定着も図れるのです。

できること、苦手なことを確認する

人には誰でも得手不得手があります。発達障害がある人はそれが顕著です。学習障害(Learning Disorder：以下、LD)の7割を占めるといわれているディスレクシア(読字障害)の人は、文章を読むのが苦手ですが、耳から入ってくる情報は理解できる人がいます。ディスグラフィアと呼ばれる書字障害の人は、文字を書くのが苦手でもパソコンにおける文字や文章入力なら可能な人もいます。さらには、ディスカリキュリアといわれる算数障害の人も電卓を使うことによって、計算のミスを防ぐことができます。ASDの人の場合は、LDの人とは逆に視覚による刺激のほうが聴覚刺激よりも理解が容易なため、言葉によるコミュニケーションよりもメールの方が楽だという人がいます。

注意欠如・多動性障害(Attention-Deficit/Hyperactivity Disorder：以下、ADHD)の人は、「多動」ということを「活動的」だと捉えて、事務作業は苦手でも営業であれば好成績を残す人もいます。

このように何でもすべてできる必要はありません。できないことをできるようにすることは、とても苦痛です。しかし、できることを伸ばしていくことはとても楽しく、またその能力も伸びていきます。そのため、自分の苦手なことと得意なことをきちんと理解しておくとよいでしょう。将来大人になって仕事をするようになっても、「何でもできること」が望まれるわけではありません。できることは自分で気づかないことが多いので、親や他の人に聞いてみてもいいでしょう。自分では普通だと思っていることでも他の人からは「すごいなあ」と感心されることがあるはずです。

ハリウッドの俳優として著名なトム・クルーズさんは、いまだに文字や文章を読むのが苦手だそうです。したがって、映画の台詞を覚えるのは、ボイスレコーダーに台詞を録音してもらい、それを耳から聞いて覚えています。演技が下手なのではなく、

台本に書かれた台詞を覚えるのが苦手だっただけなのです。また、『ET』や『ジョーズ』『シンドラーのリスト』などの作品を制作した映画監督スティーブン・スピルバーグさんもディスレクシアですが、父親からプレゼントされた8ミリビデオによって、人を撮ることが好きになって映画監督になりました。

　近年、特別支援教育において、パソコンやタブレットなどを使ったICTによる教育に効果があることが報告されています。このように、できないことを支援ツールで補完することも合理的な配慮です。「発達障害があるから○○ができない」という発想ではなく、「このような合理的配慮がなされれば○○ができる」といったプラス思考で考えていくといいでしょう。

進学するメリット、デメリット

　発達障害がある人の中には特別支援学校ではなく、通常の高校、大学、中には大学院へと進学する人もいます。

　進学することでより高いレベルの知識を獲得し、専門的な仕事に就く人たちもいます。しかし、職種によっては専門的な知識は必要としないものもあります。

　わが国には約3万種の職種があるといわれており、412万8,215の企業が存在しています（法人企業は170万社、株式会社は115万社、平成24年段階）。すべての職種や企業に高学歴が必要とされているわけではありません。そこで進学するメリット、デメリットを考えてみましょう。

　ASDの人たちの中には、音楽や美術、数学等に特異な能力を有している人たちがいます。このような能力を開花させるためには専門の学校や大学に行った方がいい場合があります。また、医師や弁護士、薬剤師、公認会計士等、大学あるいはそれ以上の学歴が必要とされる職種も存在するため、そのような職種を希望する場合には進学する必要があります。ただ近年、大学に進学しても途中で退学をしたり、大学卒業者としての職種と能力がマッチせずになかなか就職できないといった人がいるだけではなく、大学を卒業しても就職できないので大学院に進学しようとする人もいます。これでは進学の意味がありません。将来の仕事に対する興味や関心は一貫したものではなく、成長とともに変わっていきます。小さいときに歌手やJリーガーになりたいと思っていても、現実的には難しいことがわかったり、他に興味のある仕事が出てくることもあるでしょう。したがって、小さいときから決めつけることはできませんが、自分がやりたい仕事をするためには、どのような学歴が必要かは知っておくとよいで

しょう。IT関係の仕事に興味があるのであれば大学の工学部へ進学する方が有利ですし、料理人になりたければ大学ではなく料理の専門学校へ通う方が近道かもしれません。

特に大学の授業は主体的に関わっていく必要があるため、高校までのような受身の対応では履修科目の選択やレポート提出、ゼミなどへの参加などに困難を示すことがあります。したがって、そのようなことが不得手な人の場合は、合理的な配慮を実施してくれる大学への進学を検討する必要があります。

またLDの人で、読むこと、書くことなどに困難性を示す場合は、無理に大学に進学してもレポートや卒業論文の作成で困難を示すことが考えられるので、あえて大学進学にこだわらずに手に職をつけるための専門学校を選択するケースも考えられます。それでも大学に進学したい場合には、レポートや卒業論文の代わりに代替科目を選択できるような大学などを検討することも必要です。

いずれにしても、進学がよいかどうかは発達障害の問題というよりも、個人のニーズによるところが大きく、進学先がどのようなサポートをしてくれるかをきちんと調べておくことが大切です。

就職するメリット、デメリット

米国の先住民であるネイティブ・アメリカン（昔はインディアンと呼ばれていた）は、コロンブスがアメリカ大陸を発見し、白人が怒涛のように北米大陸に移民してくるにつれその数多くが殺されました。その後、ネイティブ・アメリカンに対してさまざまな社会保障が実施されるようになりましたが、その中で米国政府はネイティブ・アメリカンの人たちに年金のようなものを提供するようになりました。その結果、働かなくても生活していけるようになったネイティブ・アメリカンの人たちは、一見幸せそうに見えましたが、日中に行う活動がなくなってしまったためにお酒を飲むようになり、体調を崩してしまう人たちが出てきたのだそうです。生活をしていく上でお金は必要ですが、ただお金があればいいというのではなく、働いて得たお金にこそ価値があるのです。なぜなら、自分で一生懸命働いて得たお金はとても貴重なので、大切に使用するようになるからです。

また、米国では第一次世界大戦でたくさんの戦死者が出ましたが、それ以上に、傷痍軍人といわれる目に負傷した人、足をなくした人など多数の障害者が出現しました。これらの人たちに対して米国政府は軍人恩給を与えることにより、生活を成り

立たせようとしたところ、多くの反対意見が出てきました。この反対意見を唱えた人たちの多くが、傷を負った当事者たちでした。彼らは「私たちは障害があっても働けるんだ。お金を恵んでもらうのではなく、仕事が欲しいのだ」と主張し、それにより職業リハビリテーションが始まりました。

さらに、ワークリハビリテーションという言葉がありますが、これは、働くことで規則正しい生活が送れるようになり、その結果、健康が実現できるという考え方です。慶應義塾大学を創設した福沢諭吉さんは、「世の中で一番楽しく立派なことは、一生涯を貫く仕事を持つということです」と述べているように、働くということはとても尊い活動なのです。

就職して働くことは国民としての義務でありますが、一方で納税者になることでもあるため、社会に貢献することにもつながります。

ただ、デメリットもないとはいえません。自分の能力に合った仕事でなければ、仕事そのものをこなしていくことができなかったり、職場の対人関係などで精神的に参ってしまうこともあります。そのような仕事に長く従事することは心身ともに苦痛となるので、適切なジョブマッチングをする必要があります。

3 進学する場合の選択肢

学齢期の進学の全体像

◆小学校卒業後(12歳～)の進路選択

　小学校卒業後の進路選択としては、公立中学校、特別支援学校（中等部）、私立中学、中高一貫校の選択肢があります。さらに、公立中学校を選択した場合でも、通常学級か特別支援学級の選択肢があります。また、通常学級に籍を置き特性に応じて特別な支援を行う通級指導教室（通級）を利用することもできます（図表I-8）。

◆中学卒業後(15歳～)の進路選択

　中学校卒業後の進路選択としては、高校、特別支援学校（高等部）、専修学校（高等課程）、高等専門学校（本科：5年間）の選択肢があります。高校を選択した場合、通学形態は全日制、通信制、定時制に分かれます。

　全日制とは朝から夕方までの主に6時間程度の授業となり、学習内容によって進路が分けられます。基礎学科（英語・数学・国語・理科・社会）を中心に広く学習する普通科、農業・工業・商業等の職業教育を主とする専門学科などがあります。

　通信制とは基本的には自宅での学習をしながら、レポート提出や認定試験を受ける形態です。一方で、通信制高校に籍を置きながら通うことのできるサポート校や技術連携校もあります。サポート校は学習・生活などさまざまな面でサポートする教育施設であり、技能連携校は技術・技能の取得を目的にした施設です。

　また、これとは別にチャレンジスクール、エンカレッジスクール、クリエイティブスクール、パレットスクールなど自治体独自の取り組みも進んでいます（図表I-9）。

◆高等教育(3年間)終了後(18歳～)の進路選択

　高等教育終了後の進路選択としては、大学・短大・専門学校への進学か、就職かの選択肢があります。就職については、29ページの「いろいろな就労の形」の項で具体的に触れます。

　これらの学校に進学してからは、それまでとは異なり、かなり自由度の高い生活が始まるため、自分で決めたり手続きを行ったりすることが増えてきます。

　学校により窓口の名称や対応内容は異なりますが、学生相談室や就職課、学生課の

ようなところで生活についての悩み、就職についての悩みなどを相談できるようです。また、発達障害がある学生に向けて積極的にサポートを行う窓口を設置している学校もだんだんと増えてきています。

とはいえ、そういった機関を設けている学校はまだまだ少ないのが現状です。学習、生活、さらには就職活動などの面において、今までのツテをたどるなど早い段階

図表1-8 小学校業後の進路選択肢

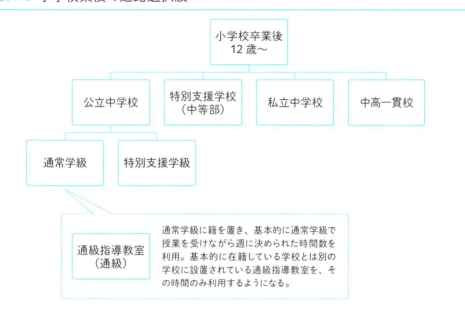

図表1-9 中学卒業後の進路選択肢

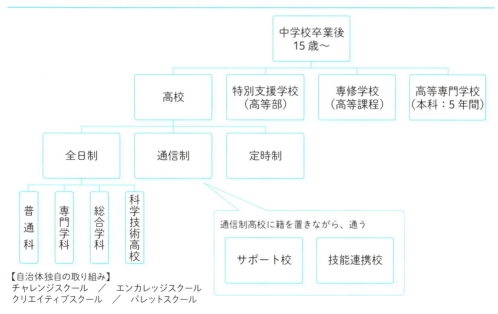

図表1-10 高等教育（3年間）修了後の進路選択肢

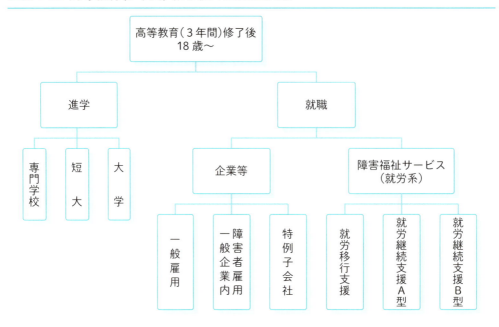

から頼れる人をみつけておくことが重要です（図表1-10）。

特別支援学校の取り組みについて

◆特別支援学校の現状

　特別支援学校は、専門性を生かした特別支援教育を行う学校です。1学級あたりの生徒数は少人数であり、一人ひとりに応じた指導を展開できるのが大きな特徴です。「個別の教育支援計画」という、入学時から学校卒業後までの一貫した長期的な計画を、学校が中心となって作成します。計画には本人および保護者の意見やニーズをしっかりと盛り込み、医療・福祉・労働などの関係機関と連携して児童・生徒の成長を支援します。

　高等部段階では卒業後の自立と社会参加を目指し、発達段階に応じたキャリア教育や進路指導を展開します。特別支援学校は、高等部在学中に実習等を行いながら将来の方向性を考え、福祉就労や企業就労等の進路選択について最大限にサポートします。

　近年の知的障害特別支援学校は特別支援教育の理解が深まり、比較的知的障害が軽度な生徒においても、将来の自立を見据えて特別支援学校を選択するケースが増えて

きました。その一方で生徒数の増加により、特別教室や教室を分けて学級増に対応する学校も出ています。

◆企業就労を目指した学校

　企業就労等の目的を明確にした学校が、各都道府県で開校しています。東京都では生徒全員の企業就労を目指す都立永福学園の開校を皮切りに、就業技術科5校（知肢併置校）と職能開発科（普通科に併置）が2校設置されています。今後、東京都の方針としては職能開発科が合計で10校に設置される予定です。

　すでに就業技術科から卒業生が出ていますが、平成27年度卒業生の企業就労率は平均で95％を超えています。生徒全員の共通した目標がある中で、切磋琢磨しながら学校生活を送れることが強みだといえるでしょう。

　これらの学校には入学者選考があり、全都から入学希望者を募り、調査書、適性検査と面接を実施して選考されます。

◆企業就労に向けた取り組み

　東京都立知的障害特別支援学校全体の、平成27年度卒業生の企業就労率は46.4％でした。こうした就労率の背景には、ハローワークとの連携（ネットワークの構築）や東京都教育委員会の就労支援事業の充実とともに、障害者を取り巻く社会の変化に特別支援学校が適応していることが大きな要因として考えられます。

　東京都は、学校間とハローワークを含めた関係機関とのネットワークの構築を進めてきました。今では、全都における特別支援学校の進路担当が、企業からの現場実習や就労に関する情報を共有できるようになっています。また、年度初めにハローワークとの連携会議を開き、協力を得られる仕組みづくりが定着してきました。これらのネットワークを通じて情報を共有することで、障害の重い生徒の企業就労や週20時間の短時間労働で働く生徒が出てくるなど、さまざまな働き方が可能となりました。

　平成27年度には東京労働局の取り組みにより、事前に求人票の提示の機会が設けられることとなり、雇用条件を本人および保護者が確認した上で採用選考を受けられるようになりました。双方の同意の上で手続きが進められるようになり、就労までの流れが整理されたことで、生徒・保護者は今まで以上に安心が得られるようになりました。

　また東京都教育委員会の就労支援事業では、よりよい就労を目指して、特例子会社や企業の障害者雇用に携わる方々と意見交換の場を設けています。受け入れ側の企業の考えを進路担当者が学ぶことで、企業と円滑に実習等を進めることができるように

なりました。

　また就労支援事業として、障害者雇用をこれから進める企業に対して、知的障害者の理解啓発の場を設けるなど、多くの企業と特別支援学校が連携できるようになりつつあります。

◆ 定着支援に向けて

　今後の特別支援学校における大きな課題は定着支援です。企業に送り出すだけではなく、これからは企業とともに就労した生徒の成長・支援・定着を一緒に考えられる仕組みを構築することが大切です。定着支援は、教員が就労支援機関とともに進路先を訪問して状況を把握し、卒業生の就労定着を図る取り組みです。東京都では、卒業時に企業就労した生徒については、各区市町村の就労支援機関へ支援登録を行います。そして、今後お世話になる就労支援機関の方々と卒業生の情報を共有しながら支援の方策を考え、進路先での定着支援を行います。

　また、就労後に卒業生が孤立しない手立ても大切です。就労支援機関では、リフレッシュの場と気軽に相談できる居場所を提供しています。企業就労した卒業生は、一人ひとり勤務先が異なるため、在学時の友人と縁遠くなってしまう傾向があります。今は携帯電話が普及しているので常時つながりは持てますが、実際に会って人とつながることも重要です。彼らの就労後の相談支援体制や居場所作りが今後の就労定着の鍵になるかもしれません。

特別支援学校の具体的な取り組み

◆ 港特別支援学校について

　東京都にある都立港特別支援学校は、普通科と職能開発科の2つの科が共存する学校です。この学校は平成26年度から高等部単独校となり、平成28年4月に職能開発科が設置されました。平成27年度から学区域の変更があったこと、職能開発科が設置されたことで生徒は増加傾向にあります。品川駅から徒歩15分のところに位置し、高層のオフィスビルが立ち並ぶロケーションにあります。周辺は、平日に多くのビジネスマンが利用するため商業施設も充実しています。

　普通科および職能開発科では、これらの企業就労に恵まれた立地を生かし、職場見学や実習、事務補助や清掃業務を企業から受託して職業教育を行うなど、多くの企業の方々にご協力を得ています。

◆ 進路指導について

　港特別支援学校は、自己選択・自己決定を尊重する進路指導を展開しています。将来の進路を生徒自身で選択できるよう、学年ごとにプログラムを用意しています。

　1年次は「自分自身を理解する」ことを目標に、自分の得意・不得意をはっきりさせたり、さまざまな企業の職種や内容、働き方を学びます。先輩が働く動画を見ることや、企業での見学や体験を通して、将来の職種について、自分の興味・関心がどこにあるのか等を考えます。

　2年次は生徒の興味・関心に基づき、1～2週間の実習を行います。1週間以上の実習を行うことで、生徒も保護者もその職種や業態で働くイメージを持つことができます。実際の体験と実習先からの評価をふり返りながら、自分の理想と現実に向き合います。この2年次に今後の方向性を模索しながら、自分の適性や強みを見つけていきます。

　3年次はこれまでの実習経験をもとに、より将来をイメージした実習を行います。本人の特性や強みを生かし、逆に弱い部分は企業と学校がどのように支援をしていくのかを相談します。そして、生徒たちの納得のいく進路が見つかるように、学校は支援をしていきます。

　生徒の進路選択とともに大切にしていることは、保護者に対する進路情報の発信です。知的障害がある生徒の卒業後の進路に関する情報は少なく、すべてが信憑性のある情報とはいえません。そこで学校では、東京都全体の進路情報や企業から得た情報を収集し、保護者に情報発信することを心がけています。進路情報の発信から保護者に社会や就労の現状を理解していただくとともに、家庭でも学校と同様の考えで支援してもらえるように努めています。

◆ 定着支援について

　港特別支援学校の企業就労者の定着率は過去3年間で86％です。取り組みとしては3年間、卒業生の定着支援として就労支援機関とともに進路先に訪問します。就労4年目からは一緒に訪問している就労支援機関が引き継いで、定着支援を行うこととなります。就労支援機関を積極的に活用し、よりよい定着支援を模索しています。

　定着支援には直接支援と間接支援があります。直接支援は、①進路先へ訪問して本人の就労状況を把握すること、②企業担当者や本人からヒアリングを行い成長と現状の課題を知ること、③トラブルが生じている場合、今後の支援方法を提示すること等です。

　就労支援機関とともに現状の課題とそれに対する支援方法を共有し、必要に応じて

ジョブコーチ等の派遣を依頼します。

また、間接支援では保護者と連絡を取り、卒業生の勤務態度や成長した様子、現状の課題等を共有します。卒業生の5年分の傾向では、トラブルは就労したばかりの1年目に集中しています。高等部を卒業すると、彼らは「学ぶ生活」から「働く生活」への変化を求められます。学校としては、このギャップが広がらないよう、学校生活でも将来を見据えて指導していく必要があります。

◆これからの取り組み

港特別支援学校では周囲の企業の方々に向けて、知的障害者および知的障害特別支援学校の理解啓発を推進していきます。知的障害者に対する理解が深まることで、社会で働くことのできる生徒が増え、彼らにとって働きやすい環境が生まれると確信しているからです。

引き続き、企業への知的障害者に対する理解啓発を進めながら、学校の教育活動に対する連携・協力も求めていきます。

自治体独自の取り組み

進学する場合の選択肢には、特別支援学校以外に、特別なニーズがある生徒に対して自治体が独自で取り組んでいる支援があります。

対象は知的障害者だけでなく、発達障害、不登校、中途退学者などさまざまな理由で教育を受けられなかった場合や、再び高校で学びたい生徒、ボランティア活動や芸術活動などでの学習と両立したい場合なども含まれます。

これまで、支援教育を必要とする生徒は夜間定時制高校に入学する以外方法がなかったのですが、そのような生徒を日中に授業を受けられる高校で受け入れられるよう取り組みが進んできました。

◆東京都独自の取り組み

東京都では生徒が能力や適性、興味・関心、進路希望等に沿った授業を受けられるよう、既存の高校がさまざまなニーズに対応するための高校へ改編されました。

(1) チャレンジスクール

チャレンジスクールとは、これまでの夜間定時制高校の改編により新たに設置された午前部・午後部・夜間部の3部制（定時制）かつ単位制の総合学科の高校です。内

申書が不要、カウンセリングの充実、興味のある科目を単位制で選べるなどの新しい取り組みが特徴です。

　不登校や中途退学をこれまでに経験した生徒などを対象としています。能力を十分に発揮できなかった生徒が、自分で目標を立て、それに向かってチャレンジすることができます。

〈特色〉

①学力考査や内申書の結果ではなく、生徒の意欲を入学の選考基準にしている。

②生徒の心のケアを大切にし、カウンセリングを充実させている。

③生活や学習ペースに合わせて学べる、定時制、単位制高校。

④基本を重視した授業の一方で、キャリア教育を踏まえた授業も設置。

(2) エンカレッジスクール

　エンカレッジスクールとは、これまで力を出しきれなかった生徒のやる気を促し、社会で生きていく中で必要な基礎を身につけることを主旨とした高校です。

　既設の全日制都立高校から指定されており、全日制普通科、学年制の高校です。そのため、チャレンジスクールとは反対に、通学には問題はないが勉強が苦手な生徒に向いています。

〈特色〉

①１コマ30分の授業。

②努力や態度を評価するため、中間や期末のテストはなし。

③習熟度別かつ少人数制クラスで基本を身につける。

④学力を入学の選考基準としていない。

◆神奈川県独自の取り組み

　神奈川県では平成21年度の入学者選抜より既存の高校の一部を、クリエイティブスクールに指定し、生徒を受け入れています。

　クリエイティブスクールでは、生徒が卒業後に、自分の得意なことや興味を生かしながら社会へ参加することのできるキャリア教育の実践を目指して指導を行っています。

〈特色〉

①生徒の意欲を重視した選考を徹底。

②基礎的な学力の定着。

③社会ルールを身につけられる。

◆ 埼玉県独自の取り組み

　埼玉県が取り組んでいるパレットスクールは、多部制総合学科の単位制の高校です。既存の夜間定時制高校から改編されました。

〈特色〉
登校時間を複数の時間帯から選択可能。

◆ 大阪府独自の取り組み

　大阪府ではクリエイティブスクールを新設しています。生徒の興味・関心に対応できるよう多種多様な選択科目があります。また、単位制を取っているため、自分の生活スタイルに合わせて授業を受けることができます。

4 サポート機関を活用しよう

　中学も最終学年になると卒業を間近に控え、いよいよ将来の進路を具体的に考えるようになります。高校受験の時点で将来の職業を見据えた進路選択を行う人も出てくるでしょう。そこまでいかなくとも、今まで以上に自分の将来を意識することが多くなります。成人期以降どのような人生を思い描くか。そのとき、「人生」と「職業」は切っても切れない関係にあります。ですから、この職業生活をより充実したものとするためには、納得できる仕事選びが大切です。しかし、自分一人で就職活動を進めていくのはたいへんなことです。そんなときに、皆さんの就職活動をサポートしてくれる機関があります。助けが必要なときに利用してみてください。

まずは学校が一番身近な相談相手

　発達障害がある子どもの場合、一般の中学、高校に通っている場合もあれば特別支援学校に籍を置く場合もあり、一人ひとりの希望や能力に応じてその進学先はさまざまです。当然、教育内容も進学先によって異なります。一般の中学・高校では学習指導が中心となりますが、特別支援学校の中には、卒業後の就職を目指し職業教育と進路指導に重点を置いた教育を行っている学校もあります。その高い就職実績から入学を希望する生徒が増加し、現在ではそこに入学するための学習塾まで登場しています。

　どの学校に籍を置くにせよ、必ず各学校には進路相談にのってくれる担任や進路指導担当教諭が配置されています。特別支援学校に在籍している場合には、親と先生で相談しながら方向性を定めていくことが多いでしょう。しかし、それ以外の在籍の場合には、子ども自身が先生と相談できるように促し、親として見守ってあげるとよいでしょう。

仕事を探すときは

　就職活動を進める上で、仕事選びは期待とともにとても大きい不安や悩みが伴います。学校の先生や両親とも相談しながら自分の希望をあらかじめ整理し、仕事選びに

備えましょう。どこの会社で、どのような仕事で、どういう条件で人を募集しているのかを知るには、最寄りのハローワーク（公共職業安定所）を利用するとよいでしょう。ハローワークには障害がある方の相談を専門とする窓口があります。そちらの窓口を利用すると障害のことをよく理解している担当者がていねいに相談にのってくれます。また、ハローワークでは発達障害に詳しい担当者を配置し、発達障害のある人を対象とした就職支援プログラムも順次導入しています。

就職や会社で困ったときの相談は──自分に向いている仕事は？　就職に向けて必要な準備は？　会社に求める配慮は？

就職の際にこれらのことをよく考えずに就職し、会社に入ってから職場に馴染めずに悩まれる発達障害のある方が多くいらっしゃいます。学校在学中に、こうした課題を整理できるとよいのですが、なかなかそこまで手が回らないことも多くあります。そのようなときには、地域障害者職業センターや障害者就業・生活支援センターが相談にのってくれます。就職前から就職後まで仕事のことで何か悩みごとや相談ごとがある場合に利用することができます。

また、地域障害者職業センターや地域若者サポートステーションでは、仕事の相談以外にも就職へ向けた準備のためのプログラムを実施しています。会社で人とうまくやっていけるか不安を感じたり、就職への準備に不安を感じたりする場合に活用できます。

技術・技能を身につけたいときには

「仕事に必要な技術・技能を身につけたい」という場合もあるかもしれません。そのような人のために、国を中心に技能習得のための職業訓練の機会を提供しています。国をはじめ地方自治体、民間事業所などさまざまな機関が多様な訓練を実施しています。また、福祉サービスの一環として障害のある人を対象とした就労プログラムに取り組む事業所も多数存在します。それらの中には、発達障害がある人を対象に、発達障害の特性を踏まえた訓練・支援を実施する機関もあります。学校卒業後にこれらの機関で技能等を習得し就職を目指す人もいますし、利用者の中には一度就職したもののうまくいかずにいったん離職し、こうした支援を経て就職へ再チャレンジする人もいます。地域によって訓練機関が異なる場合がありますので、気になる場合に

図表1-11　サポート機関を活用しよう！

こんなとき	ここに相談しよう	特徴	ポイント
・卒業後の進路について相談したい！	中学校・高校（学習指導・進路相談）	日頃の学校生活の様子を踏まえて進路相談にのってくれる担任、進路指導担当教諭が身近にいて、卒業後の進路をいつでも気軽に相談できる	学習面でのつまずきに関する相談にものってくれる。ただし、一般の中学・高校の場合、必ずしも発達障害に理解のある教諭ばかりではないこともある
	特別支援学校（職業教育・進路指導）		・職業教育に特化した特別支援学校では高等部3年間をかけて集中的に職業教育を行い、その高い就職実績から入学希望者が増加している ・受験のための学習塾も登場している
・仕事選びについて相談したい！	ハローワーク（公共職業安定所）	・障害者専門の相談窓口がある ・発達障害等のコミュニケーション能力に困難を抱える人に対するカウンセリング、面接同行、事業所見学など総合的な支援を実施している ・一部のハローワークでは発達障害の人を対象とした就職支援プログラムを実施している	・障害に詳しい担当者が対応してくれる ・きめ細かな個別相談、支援を実施。希望や特性に応じて専門支援機関を紹介してくれる
・この仕事向いていないかな？ ・就職に向けて何を準備したらいい？ ・会社とどううまくやればいい？	地域障害者職業センター	就職前後を通じ仕事に関する悩み、相談に総合的に対応してくれる	・仕事の相談以外にも、就職へ向けた準備から求職活動支援までを含めた体系的なプログラムを実施している ・仕事や職場環境への円滑な適応を支援するためにジョブコーチを職場に派遣してくれる
	障害者就業・生活支援センター		・設置数が多く、身近な地域での仕事の相談に加え、日常生活・地域生活に関する相談・支援を一体的に実施している
・就職に必要な技術・技能を身につけたい！	国・自治体・民間事業者の職業訓練機関	求職者を中心に、仕事に就くために必要な知識・技能を身につけるための訓練を実施。障害のある人を対象とした訓練コースも用意されている	・希望する仕事に応じた多様な訓練コースが用意されている ・就職を目指している人、一度離職して再就職を目指している人などが利用している ・障害者の訓練に特化した訓練機関も設置されている
	就労移行支援事業所	一般企業への就労を目指す障害者を対象に、就職に必要な知識、能力向上のための訓練、求職活動支援などを実施している	事業所ごとに支援内容に特徴がある。主に発達障害を対象に障害特性に基づいた支援を実施する事業所も登場している
・困っているけどどこに相談したらいいかわからない！	発達障害者支援センター	就労支援を含めた幅広い相談に対応し、希望や思いに沿った地域のサポート機関を紹介してくれる	当事者だけではなく、家族や支援者への情報提供、またライフステージに沿った情報の提供も行っている

は、お住まいの地域内にどんな訓練機関があるのか調べてみてください。

何か困ったことがあれば

　いろいろなサポート機関がありすぎてどこに相談に行けばよいのかわからないという場合もあります。そのようなときには、発達障害者支援センターに相談してみてください。幅広い相談にのってくれ、希望や思いに沿ったサポート機関を紹介してくれます。

　ここまで、いくつかのサポート機関をご紹介しました。基本的には、子ども自身が相談し、選択肢の中から自己決定し、自分の人生を切り開いていく必要があります。親としては、どんな相談ごとに、どういう機関が応じてくれるのかというお住まいの地域の情報を収集しておくとよいでしょう。そして、子どもの悩み・不安に応じて、「こういう場所があるけど行ってみたらどう？」と第三者への相談のアシストをしてあげることができるとよいでしょう。

5 いろいろな就労の形

「就労の形にそんなに種類があるのか」と思われた方もいるかもしれません。就労には大きく分けて「一般就労」と呼ばれるものと「福祉的就労」と呼ばれるものの2つがあります。一般就労はその名の通り、障害の有無は関係なく、障害があってもそれに対する支援を受けることなく就労する形です。一方で、福祉的就労は、療育手帳（知的障害がある人に発行される手帳）や精神障害者保健福祉手帳（知的障害がない発達障害を含む精神障害がある人に発行される手帳）、身体障害者手帳（身体機能に障害がある人に発行される手帳）といった何らかの手帳を所持していたり、市区町村が発行する障害福祉サービス受給者証を取得したりして、障害があることに対するフォローを受けながら就労する形です。

障害の種類や程度によっては、就職することはできても、就労を継続することが難しい場合もあります。ただ「就職する」ことを目指すのではなく、就労を継続するにはどういうことが必要なのか、どういう形が合っているのかを含めて考えていくことが大切です。

一般就労

療育手帳や精神障害者保健福祉手帳などの手帳を持たず、あるいは活用せずに就職する形です。一般的に多くの人が就職している形態であり、「障害がある」ことへの理解やフォローを求めるのではなく、障害がない人同様にスキルやスピードなどが求められます。障害の有無にかかわらず、職場環境に適応できるかどうかは、その環境が一般的な個性に対する理解のある環境かどうかで決まります。そのため、うまく理解ある職場にめぐり会えれば、発達障害の診断を受けていたり手帳を取得していたりしても、一般就労の形態で就職し、働き続けることができるかもしれません。

障害者雇用

療育手帳や精神障害者保健福祉手帳などの手帳を活用し、一般企業に就職する形です。全従業員が50人以上の場合、障害がある従業員を全従業員の2％以上雇用するこ

とが会社に義務づけられています。この「障害がある従業員」には、身体障害も含まれているため、身体障害者手帳を所持している方が多く雇用されているのが現状ではあります。しかし、知的障害や発達障害がある人でも、その人の障害特性への理解やフォローをしてもらいながら、就労しているケースは多くあります。

また、会社によっては、多くの障害がある人を雇用するにあたり、障害の特性に合わせた物理的・人的環境をより整備しやすいように、「特例子会社」という子会社を設立している場合があります。そこでは、作業内容や手順、困ったときのフォローアップなど、それぞれの障害の特性に応じた対応が行われやすい環境となっているので、より働きやすい場となっています。

ジョブコーチ

スムーズな就労を促すための制度として、ジョブコーチの支援があります。これには、①就職する際や就職してからの職場適応に向けた、障害がある人自身に対する支援、②雇用主や他の従業員に対して助言を行う支援、の2つがあります。会社が自社のジョブコーチを配置している場合もありますが、配置されていない場合には障害者職業センターのジョブコーチから支援を受けることができます。1～8ヵ月の範囲で個別に必要な支援期間が設定されますが、標準的には2～4ヵ月の間、支援を受けて、さまざまな調整を行うことが多いといえます。

就労移行支援

就労移行支援とは、企業への就職の希望があり、企業に雇用されることが可能と見込まれる障害がある人に対して、生産活動や職場体験等のさまざまな機会を提供し、就労に必要な知識・スキルの向上のために訓練や相談を行うサービスのことです。訓練の場なので、あくまで企業に就職するための通過点となります。どのようなスキルの向上が自分には必要なのか、どのような仕事が自分には合っているのか、就職面接ではどんなふうに受け答えをすればよいのかなど、さまざまな相談にのってもらいながら仕事を見つけていくことができます。また、就職できたとしても、その後すぐに辞めてしまうようなことにならないよう、その職場に継続して勤めることができるようにする職場定着支援も行っています。

サービスを受けるためには、「受給者証」というものが必要となります。受給者証は市区町村から発行されるため、お住まいの市区町村の窓口への相談が必要となります。

就労継続支援A型

　就労継続支援A型とは、障害などにより企業での就職が難しい人を対象に、雇用契約に基づいて生産活動などの活動の機会を提供し、その他就職に必要な知識・スキルの向上のために訓練・支援を行うサービスのことです。障害がある人と雇用契約を結ぶため、原則的に最低賃金を保証する仕組みの障害福祉サービスとなります。実際の仕事内容は、サービスを実施する事業所によってさまざまですので、どのような作業内容なのかは通勤可能な事業所を調べることが大切です。

　こちらも就労移行支援と同様に、サービスを受けるための受給者証が必要となりますので、希望する場合にはお住まいの市区町村の窓口で相談することが必要となります。

就労継続支援B型

　就労継続支援B型とは、障害などにより、企業での就職が難しい人を対象に、雇用契約を結ばずに、働く場を提供するサービスのことです。その人の障害の状態や特性等の程度によって働き方を考えるなど比較的自由に働け、作業した分を工賃としてもらえる非雇用型の障害福祉サービスです。昔でいう作業所に近いタイプです。

　こちらもサービスを受けるための受給者証が必要となるため、希望する場合にはお住まいの市区町村の窓口で相談する必要があります。

6 小中高校のうちから取り組みたいキャリア教育

仕事とのマッチングを探るには十分な時間と十分な体験が必要

　米国では、子どもは幼児の段階から親とは離れて別室で就寝させ、ベッドメイキングなども自分でさせたりします。小学校に上がると、お小遣いを与えるなどして女の子にはベビーシッターをさせたり、男の子には庭の芝刈りなどをさせます。

　このように、小さいときから何かしらの労働をさせ、その対価としてお金を与えることを繰り返しながら、子どもは労働の対価としてお金をもらうことを学習していきます。

　わが国では、「小さいときからお金で行動させるのはどうだろうか」といった批判もあります。しかし、大人になってから行う活動を子どものときに教えていなければ、成長した後に急に指導をしてもすぐに学習できず、さまざまなトラブルが生じます。したがって、小さいときからいろいろな仕事を知っておくということはとても大切です。

　まずは、絵本などを通して大人が働いている仕事の様子を知ることが重要です。できれば見学にいくのもいいでしょう。お父さん、お母さんの仕事であれば、見学が可能かもしれません。近年、インターネットの発展により、家庭にいながらいろいろな仕事を知ることができます。小さいときはJリーガーやアイドルなどになりたいという夢があってもいいでしょう。わが国には約3万種の職種があるといわれています。すべての仕事を知ることは難しいので、居住している地域で働いている人のことを、両親や学校の先生が説明するのもいいでしょう。

　可能であれば、仕事の体験を行うことで、その仕事のたいへんさを知ることができるはずです。いろいろな職場体験を行うことによって、自分が将来どのような仕事に就きたいのかといった意識を持つこともできます。また、その仕事に就くためにはどのような勉強をしなければならないかといった、学校の勉強に対するモチベーションも変わります。

　当然、小学校の段階からフルタイムの仕事に就くことはできません。しかしながら、日曜日の数時間、あるいは春休みや夏休みの数日間、何らかの就労体験をすることは、視野が広がり、大人の世界を知る第一歩になります。

　国語や算数（数学）といったアカデミックスキルも重要ですが、何らかの仕事を経

験することによって、それらの教科を学習する意味を理解させることができるのです。

小学生のうちにやっておきたいこと

　小学生の場合、6歳で入学する1年生と12歳で卒業する6年生とでは、体力も理解力も差があります。したがって、大人になって必要となるスキルを吟味し、その中から1年生の段階で学習できるスキルと6年生で学習できるスキルをそれぞれ精査する必要があります。

　小学生の段階では、仕事そのものの能力よりも、仕事に就く上での土台となるライフスキルといわれる日常生活能力を確立しておくことが望まれます。具体的には、食生活（朝食、昼食、夕食、その他など）におけるマナー、衣服の着脱等の身だしなみ（洗顔、歯磨き、入浴、髭剃り、化粧、整髪など）、余暇（映画、コンサート、スポーツ観戦など）のすごし方、健康管理（睡眠、病院や歯医者に行く、運動、服薬、食生活など）、労働（炊事、洗濯、掃除など）、移動（公共交通機関の利用、自転車など）という中から、必要なスキル、獲得できるスキルを選択し、一つずつ身につけていくことが大切です。

　米国では、発達障害と診断されると、個別の教育計画を作成し、それに沿った教育を施すことが義務づけられています。これが、IEP（Individualized Educational Plan）という個別教育計画です。そして、ある一定の程度の年齢になるとITP（Individualized Transition Plan：個別移行計画）に沿った教育支援が始まります。その領域は、国語・算数といった教科教育というよりも、将来大人になって必要となるような11項目で示されています（図表1-12）。

　表1-12に示された11項目は、発達障害の人たちが大人になった段階で生じる次ページで述べるような社会的な問題に関係しています。

図表1-12　個別移行計画において指導目標となる11の領域

領　　域		
1. 移動能力	5. 余暇	9. お金の管理
2. 身辺自立	6. 対人関係	10. 法的な問題
3. 医療・保健	7. 地域参加	11. 毎日の生活
4. 居住	8. 教育・就労	

移動能力に関しては、方向音痴のため待ち合わせ場所に行くことができない、時間概念が不十分なため遅刻する、音や匂い、人の多さに敏感なため電車やバスに乗れない。身辺自立に関しては、髪の毛やひげが伸びっぱなし、化粧ができない、入浴をしない（髪の毛にふけがついている）、歯を磨かない、衣服の選択が不適切（季節に合った服装ではない、デザインが常識外れ）。医療・保健に関しては、健康管理ができていない、病気の症状をうまく説明できない。居住に関しては、炊事・洗濯・掃除ができない、ごみ出しをせずごみ屋敷になってしまう。余暇に関しては、人と一緒に行動できない、奇妙な余暇の過ごし方をする。地域参加に関しては、不登校、引きこもり。教育に関しては、学校の勉強についていけない、集団行動が取れない。お金の管理に関しては、無駄遣いが多い、貯金をしない、計画性なく高額な物を購入する、消費者金融などで借金をする。法的な問題では、犯罪に巻き込まれる、犯罪に手を染める（万引き、無銭飲食、ストーカー）。毎日の生活では、偏った食生活、新聞や宗教団体に勧誘される、訪問販売で自己破産をするなどといったトラブルに巻き込まれないようにしておくためです。

中高生のうちにやっておきたいこと

　基本的には先に述べた小学生のうちにやっておきたいことと同じですが、能力によっては高レベルのスキルも獲得できるでしょう。余暇やアルバイトなどの活動によっては、移動スキルや購入しなければならない物の買い物スキルの内容がより高度なものになってきます。大人になって一人暮らしをすると考えると、以下のようなスキルが必要となってきます。
　食費（朝食、昼食、夕食、その他など）、月ぎめの支払い（部屋、電気、ガス、水道、携帯、インターネットの料金など）、衣類・生活費（服、石鹸、洗剤、シャンプー、リンス、タオルなどの購入費）、余暇費（映画、コンサート、スポーツ観戦などのチケット費や交通費など）、理美容院や急な出費（薬や歯医者、病院の料金など）というようなことでお金を使う可能性があります。
　また、健康管理も自分で行わなければなりません。その際は薬を買う、病院にかかる（歯医者を含む）、（地域によっては）運動する、食生活を意識することが必要となります。生活管理では、食生活、身だしなみ（洗顔、歯磨き、髭剃り、化粧、整髪など）、炊事、洗濯、掃除、運動、入浴、通院、服薬、睡眠などがあります。
　社会生活では、友人関係、会社の同僚・上司とのつきあい、移動（自動車運転、乗

り物の利用）、近所づきあい、トラブルの解決（近所、ストーカー、車を運転する場合は事故処理）。法的問題では、訪問販売、宗教団体、友人関係、詐欺などの問題や、車を運転する場合は違反や事故への対応、福祉行政への相談、援助依頼など、さまざまな対応や活動を行わなければならない可能性があります。こうした大人になってからの課題の一部を、できるだけ中高生のときから意識し、対応策を考えておくことが必要となってきます。

　また、思春期は身体の発育と心の発達にずれが生じてくる時期でもあります。そのため、性の問題については注意しておく必要があるでしょう。性に興味が出てくるのは発達障害があろうがなかろうが、この時期では当然のことです。男児の場合はマスターベーションなどをいつ、どこで、どのように処理するかを知っておくこと、女子の場合は、不用意に男子からの誘いに乗らないように気をつけておくことなどが重要です。

　さらに、法的な問題もこの時期に学習しておくべきです。発達障害がある子どもはいじめに遭うことが多く、またいじめをする側にもなりうるので、成人期に必要なマナーを学習しておくことが重要です。理解が容易に進むように具体的な事例を伝えながら説明するとよりわかりやすくなるでしょう。

7 就職先・進学先を選ぶにあたって

本人が注意すべきこと

　就職も進学も、大きな変化を伴う出来事です。それまでの生活とはいろいろなことが大きく変化するため、進学先や就職先のことを前もって知っておくことが大切です。そのためには、進学先や就職先の情報を収集し、そこで行わなければならない活動を理解しておきましょう。そして、できれば進学先の学校や就職先の企業で実際に体験させてもらうとより理解が深まります。

　進学については、一度不登校になって退学してしまうと、戻ることが困難です。したがって、どれだけ合理的配慮をしてもらえるのか、苦手な活動一つひとつについて確認しておくことが大切です。

　就労についても、朝から晩まで長時間の持続力や忍耐力が必要なので、やはり事前に体験しておくとよいでしょう。さらに職場の人間関係も大きなウェイトをしめます。したがって、同僚や上司になる人たちが発達障害について理解があるかどうか、困難なことが生じた場合の支援体制が構築されているのかどうかも確認しておくことが必要です。

　また、自分を変えようと気を張りすぎるとつぶれてしまいます。そうならないように、自分の特性を周りの人にわかってもらうことも悪いことではありません。自分の苦手なことを進学先や就職先に説明し、合理的配慮をしてもらうことも大切です。

周囲に伝えておくべきこと

　近年発達障害に対する理解が深まり、小さいときにASDやADHDと診断される子どもたちも増えてきました。しかしながら、成人になってから職場の人間関係がうまくいかず、うつ状態となって精神科医にかかって初めて発達障害と診断される人も数多くいます。

　大人になって「あなたはADHDです」「自閉症スペクトラムです」と診断された人たちは、「精神的に落ち込んでしまうのではないか」と思われがちですが、実は多くの発達障害の人たちは「ホッとした」とおっしゃっています。それは、自分が今まで

生きてきて苦しかった原因が、「自分の性格のせいではなく、そのような障害のせいだったということがわかったから」だといっています。

そして、その障害を周りの人に知ってもらいたいという意識も強いのです。脊髄損傷によって車椅子を使用している人が段差のある道が困難なために、スロープやエレベーターがあると助かるのと同じように、「このような支援があれば発達障害の人も容易に活動できる」ということを学校や職場で理解してもらいたいのです。

つまり、障害のマイナス面を伝えるのではなく、このような支援や配慮が必要だということを関わる機関や人に伝えておくとよいでしょう。

LDの人はよく"Auditory Learner"といわれるように、耳から入ってくる情報は理解できる人がいます。つまり、読み書きが苦手なため、文書による指示が理解しにくいようであれば、口頭で説明してもらった方がいいということを伝えましょう。逆に、ASDの人の場合は"Visual Learner"といわれていますので、口頭よりも視覚的に文書で示してもらった方がいいかもしれません。このように、自分の特性（苦手なところ、得意なところ）をまとめたものを「サポートブック」とか「ナビゲーションブック」といいます。いわゆる、自分のための取扱説明書です。学校に在学している場合は、学校の先生や友だちに、働いている場合は同僚・上司に、「自分はどのように対応してもらえると助かるか」などをサポートブックにまとめて提示するようにしましょう。

図表1-13に、就職した場合の職場での合理的配慮の一例を示します（ASDの人のケース）。

図表1-13 ASDの人のための職場での合理的配慮

会議中、メモを取るためのノートパソコンの使用
同僚に会議のメモを取ってもらうこと
求められていることを明らかにし、優先順位を確認するための、週に1度の上司との面談
職務や手順に関する書面での指示
必須ではない、予定を立てる仕事を、同僚に任せること
ストレスを感じたとき、休憩を取ってもよいという許可
スタッフからの要求を書面で提出してもらうこと
面接での質問を事前に提示してもらうこと
管理職から技術職への転換
静かな仕事場への移動
騒音をさえぎるためのヘッドフォンの使用

第2章

自分のキャリアについて考えてみよう

1 ジョブマッチングに必要なこと

適切なジョブマッチングに必要なこと

　第1章でも述べましたが、障害の有無に関係なく、仕事を継続するためには適切なジョブマッチングが必要です。それでは、自分に合う仕事を選ぶためには何をすればいいのでしょうか。

　20世紀初頭の米国で、場当たり的な職探しをしては早期離職を繰り返す労働者の支援に従事していたパーソンズ（Persons, F.）という社会運動家がいました。彼は、職を転々としてしまう原因はジョブマッチングが十分でないことが原因だと述べ、①自分を理解すること（自己理解）、②仕事を理解すること（職業理解）、③合理的な推論によるジョブマッチング、の3段階が必要だと訴えています。その根底には、人の特性にはそれぞれ差があり、職業にもさまざまな差があり、それぞれが求めるものに差があるという考え方に立っています。それをうまくマッチングさせることでよい職業人生を実現していきたいものです。

自分に合った仕事を選ぶ

　パーソンズは、「四角い杭を四角い穴に、丸い杭を丸い穴に」という言葉を残しています。自分（杭）にぴったりとはまる仕事（穴）を選びなさい、ということです。発達障害がある人は、自分という杭の形を仕事という穴の形に合わせて柔軟に変えることが難しいので、自分に合う仕事を選ぶことはたいへん重要なことです。自己理解と職業理解を十分に行った上で、よい職業人生を実現していきたいものです。

専門家の支援の必要性

　パーソンズは、キャリア・ガイダンス（職業指導）の父とも呼ばれ、今日のキャリア支援にも大きな影響を与えています。パーソンズは、自己理解や職業理解をするときは専門家の助言や指導を受けるのが望ましいといっています。自分のことは自分が

一番わかっていると思いがちですが、自分を冷静に客観的に分析することは難しいのです。また、職業理解を深めるにあたっても、自分一人で情報収集をするにも限りがあります。キャリア・コンサルタントなどの専門家の支援を受けるのはたいへん有益です。

発達段階とキャリア

キャリア発達理論は、人はその発達段階に応じた課題に取り組みながら成長すると唱えています。中でも有名なスーパー（Super, D.）の理論は、人の一生を5つのステージに分けています。一番目の「成長期」と呼ばれている時期は、生まれてから14歳までを指していますが、自分の興味・関心や能力についての理解と、世の中にどのような仕事があるのか理解することが課題となっています。

スーパーのキャリア発達理論は、15歳から24歳を探索期と呼んでいます。ここでは学校や仕事の経験、趣味などを通じて、正式な就職をする前にいろいろ試しながら、暫定的な選択やスキル開発を行うことを発達課題としています。このように実際の体験を伴った、「自己理解」「社会理解・職業理解」に役立つ経験を「啓発的経験」と呼びます。

この時期に限らず、仕事に正式に就く前に実際に触れてみるというのは非常に大切な行動です。頭で思い描いた仕事と実際の仕事には大きな隔たりがあります。発達障害の特性を考慮すると、直接体験してみる必要が高いといえます。事前の体験によって自己理解が進んで自分の注意事項が明確化されると、実際に就職してからの困難を減らすことができます。

啓発的経験としては、学校で実施されている職場体験が身近です。就職活動の一環として行われるインターンシップも啓発的経験です。企業側にとっても、書類審査や面接ではわからない仕事上の行動が見えてくるのがメリットです。また、幼児期からさまざまな職業体験をする中で、社会のしくみを学ぶことができる商業施設も登場しています。

ここで注意したいのは、啓発的経験とはそのような特別な体験だけを指すわけではないということです。自分や職業を理解するきっかけが得られればよいわけですから、意識すれば日々の経験の中で積み重ねていくことができます。進路選択が目前に迫ってからスタートするのではなく、自己理解や職業理解につながる働きかけを行うとよいでしょう。

2 仕事を理解する

まずは仕事を知る

　第一生命保険が全国の未就学児と小学生を対象に毎年実施している「大人になったらなりたいもの」という調査があります。男の子では、サッカー選手、野球選手、警察官・刑事、電車・バス・車の運転士、大工などが挙がっています。女の子では、食べ物屋さん、保育園・幼稚園の先生、看護師さん、お医者さん、学校の先生（習いごとの先生）などが挙がっています。

　これらの職業は、子どもたちが日頃目にしたり耳にしたりする職業です。また、ニュースに取り上げられたり、認知度が上がるとそれに伴ってその職業の人気が上がるという傾向があります。

　このように子どもは、接する情報によって将来の希望が左右されているのです。知らない職業には当然憧れが生まれません。まずは日頃からさまざまな情報に触れていくことが重要です。たくさんの仕事を知ることで将来の選択肢を広げることができるのです。

発達障害と就労意識

　発達障害がある学生とない学生の就労意識についての調査では、発達障害がある学生は仕事に対する情報を自分で収集することができず、その結果仕事に対するモチベーションが低いそうです（梅永、2010年）。

　発達障害がある学生に対しては、仕事について興味を持ち、情報に触れる機会を増やす支援が必要といえます。

職業の種類

　個人が日常従事する仕事のことを職業と呼びます。第1章でも述べたとおり、約3万種類以上の職業があるそうです。すべての仕事を一つひとつ詳細に知ることは当然

図表2-1 職業分類一覧

	大分類	例
A	管理的職業	議員、都道府県知事、市区町村長、施設長、経営者
B	専門的・技術的職業	医師、薬剤師、臨床検査技師、測量士、システムエンジニア、生産・品質管理技術者、アナリスト、研究者、声優、お笑い芸人、カメラマン、ゲームクリエイター、イラストレーター、ファッションデザイナー、小説家、看護師、保育士、裁判官、スポーツ選手、図書館司書
C	事務的職業	コールセンターオペレーター、事務員、秘書、旅行会社カウンター係、検針員、タクシー配車係、グランドホステス
D	販売の職業	ショップ店員、営業部員、カーディーラー、医薬品情報担当者(MR)、保険営業員
E	サービスの職業	料理人、トリマー、マッサージ師、ウェイター・ウェイトレス、ヘルパー、美容師、テーマパークスタッフ、ソムリエ、コンシェルジュ
F	保安の職業	警察官、自衛官、警備員、消防員、レンジャー
G	農林漁業の職業	農家、漁師、酪農家、厩務員、育林作業員、養殖作業員、
H	生産工程の職業	自動車整備士、ライン作業員、アニメーター、パタンナー、洋服仕立職、塗装工
I	輸送・機械運転の職業	電車運転士、車掌、航空管制官、船長、発電員、重機オペレーター
J	建設・採掘の職業	大工、鉄筋工、とび職、左官、配管工
K	運搬・清掃・包装等の職業	清掃員、倉庫作業員、宅配便配達員、引越作業員、新聞配達員、自動販売機商品補充員、ごみ収集作業員、選別作業員、グランド整備員

(出所) 厚生労働省編職業分類、(2011年)。

できませんし、その必要はありません。まずはどんな仕事が世の中にあるのかを知ることが重要なのです。

　職業分類で有名なのは、厚生労働省編職業分類です。これはあくまで分類の一つですが、大まかに職業の世界を知るには有効です。これは、ハローワークインターネットサービスから検索することができます。分類とそこに含まれる職業の一例を図表2-1にまとめました。

産業の分類

　仕事理解には産業も関係しています。職業が仕事で何をするのかを表現していますが、産業は企業全体が何をして利潤を得ているのかを指しています。就職活動では、職業を基準に選ぶこともできますし、興味のある産業を行っている会社を基準に選ぶこともできます（図表2-2）。

図表2-2 日本標準産業分類

A	農業、林業	K	不動産業、物品賃貸
B	漁業	L	学術研究、専門・技術サービス業
C	鉱業、採石業、砂利採取業	M	宿泊業、飲食サービス業
D	建設業	N	生活関連サービス業、娯楽業
E	製造業	O	教育、学習支援業
F	電気・ガス・熱供給・水道業	P	医療、福祉
G	情報通信業	Q	複合サービス事業
H	運輸業、郵便業	R	サービス業
I	卸売業、小売業	S	公務
J	金融業、保険	T	分類不能の産業

(注) 平成25年 (2013年) 10月改定。

事業所を知る

　具体的な就職活動をするにあたっては、応募先の企業を知る必要があります。一般的には、図表2-3にあるような内容を把握するのですが、発達障害がある人の場合は、これに加えて職場の環境を把握する必要があります。会社は障害に理解があったとしても、配属された現場に理解がなかったがために離職せざるをえない場合もあります。

　発達障害がある労働者の環境調整のための支援も増えてきていますので、実際に就職する前に利用できる支援を確認することが大切です。

図表2-3 一般的な事業所の理解

①地理的条件(地元、他地域など)
②事業所の形態(民間、公的機関、NPOなど)
③企業規模(大企業、中小・中堅企業など)
④業種(製造、販売、金融、サービスなど)
⑤勤務形態(勤務時間、週休制、正規・非正規、パート・臨時・派遣労働など)
⑥経済的条件(賃金、昇給・昇格など)
⑦企業の将来性、成長性
⑧事業所に存在する職業(職業の内容、必要な経験、資格、専門性など)
⑨福利厚生(労働・社会保険、財産形成、医療・介護、文化・体育、福祉施設など)
⑩業界、社会的評価、評判など

(出所) 木村周『キャリア・コンサルティング　理論と実際 (3訂版)』雇用問題研究会、2013年。

勤労観と職業観を育てる

　職業・産業・事業所は職業理解の基本情報ですが、これを知ったからといって働きたいと思うわけではありません。根底には、勤労観、つまり自分でやれることを増やし、社会において役割を果たそうとする意欲や態度が育っていなければいけません。また、職業観、つまり主体的に自らの生き方や進路選択ができる能力と態度も必要です。これらは、幼い頃から徐々に育っていくものなので家庭や学校の役割は非常に重要です。

3 自己理解①
自分の興味・関心を理解する

自分の興味・関心を理解する

　自己理解において、自分の興味・関心について理解することは重要です。仕事にはいろいろな苦労はつきものです。その仕事が好きなことや興味があることであれば、たいへんなことがあっても乗り越えていくことができます。また、「好きこそものの上手なれ」ということわざもありますが、自分が好きなこと、興味のあることは、得意だったり上達しやすかったりするのです。

6つのパーソナリティ・タイプ

　それでは、自分の好きなことや興味のあることを調べた上で自分のキャリア選択の参考にする方法はあるのでしょうか。その方法について述べたのが、米国の職業心理学者のホランド（Holland, John L.）です。

　ホランドによると、人が生まれつき持っている興味・関心は環境との相互作用を経て、最終的にパーソナリティ・タイプを形作ります。そのパーソナリティ・タイプは6つに分類されます。これは、それぞれの頭文字をとって「RIASEC」と呼ばれています。6つのタイプは六角形に配置されています。反対にあるものは逆の性質を持っています（図表2-4）。

図表2-4　6つのパーソナリティ・タイプ（RIASEC）

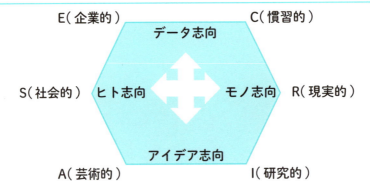

また、同じ分類が職業の種類にも当てはまるとしています。そして、人はそのタイプと同じ環境の職業を選ぶと、仕事満足度が高く安定したキャリアを築きやすいという研究結果が出ています。

　たとえば、ある赤ちゃんが車のおもちゃに興味を持っていると、周りの大人たちがいろいろな種類の車のおもちゃを与えたり、車が通ると「ブーブーだよ」と教えてくれたりします。そうした結果、さらに車に興味を深めながら成長することで、今度は自分から車について学んだりするかもしれません。学ぶことでより関心が高まり、将来の夢は運転手や車の開発者となるかもしれません。また車に限定されず、車の運転技術という側面から機械の操作という行動に興味を深めるかもしれません。その場合は仕事を選ぶとき、機械に関連する仕事として車の整備や飛行機の設計などを選ぶことも考えられるでしょう。

　次の文章を参考に、自分がどのタイプに当てはまるのかを知っておくと将来の仕事選びがしやすくなるかもしれません。

◆ 現実的(Realistic) タイプ
【タイプ】
　職人肌の現実的で誠実な性格で、物や道具、機械、動物などを扱う仕事が得意なタイプです。仕事内容がはっきり順序立って、マニュアルがあったりシステム化されていると取り組みやすいです。手先の器用さが求められたり、道具、機械、電気装置などを使う仕事に向いています。
【向いている職業】
農家　漁師　料理人　大工　トリマー　自動車整備士　清掃員　電車運転士

◆ 研究的(Investigative) タイプ
【タイプ】
　好奇心旺盛で合理的な性格で、物事を深く知り、分析して新しい理論を構築することに興味があるタイプです。物理、生物、文化など幅広いことに興味を持っています。読書をして新しい知識を吸収したり、難しいことを考えたり、情報収集したりすることが好きです。
【向いている職業】
医師　薬剤師　臨床検査技師　測量士　システムエンジニア　生産・品質管理技術者　アナリスト（証券アナリスト）　研究者

◆芸術的(Artistic)タイプ

【タイプ】
　表現力豊かで感受性が強く、何かに縛られるのが苦手で自由を大切にします。文章を書くこと、話すこと、美術や音楽、演技など、独創的に自分を表現することを好みます。新しい考え、アイデア、他人にもオープンです。

【向いている仕事】
声優　カメラマン　お笑い芸人　ゲームクリエイター　イラストレーター　ファッションデザイナー　建築士（建築家）　小説家

◆社会的(Social)タイプ

【タイプ】
　他者に対して親切で温かく共感的な性格です。人と関わることが好きで、人の役に立つ仕事を好みます。他者を理解する能力があるので、治療したり、教えたり、導いたりすることが得意です。

【向いている仕事】
マッサージ師（あん摩マッサージ指圧師）　ウェイター・ウェイトレス　ヘルパー　看護師　保育士　警察官　美容師　テーマパークスタッフ

◆企業的(Enterprising)タイプ

【タイプ】
　人望があり楽天的な性格です。リーダーシップが発揮できる仕事を好みます。自分の力を発揮して他者に影響を及ぼしたり、相手を説得することが得意です。会社の目標達成や利益を追い求めるような仕事が向いています。

【向いている職業】
ショップ店員　営業部員　カーディーラー　ソムリエ　コンシェルジュ　電話オペレーター　裁判官　スポーツ選手（チームスポーツ）

◆慣習的(Conventional)タイプ

【タイプ】
　粘り強く、ルールを守る従順な性格です。記録を取ったり、データを整理したりすることを好みます。簿記やファイリングなどルールや手続きがはっきりしている秩序正しさが求められる仕事が向いています。

【向いている職業】

倉庫作業員　事務員　秘書　図書館司書　ライン作業員　車掌　宅配便配達員　航空管制官

4 自分の興味・関心から向いている仕事を考えてみよう

興味・関心から見た適職診断

子どもに次の文章を読んで、当てはまるものをチェックしてみましょう。親子で話をしながら、チェックするのも一つの方法です（図表2-5）。

図表2-5 適職診断のチェックリスト

R（現実的）領域
- ☐ 機械やものの操作が好き
- ☐ 自然や動物に触れるのが好き
- ☐ 粘り強く現実的な性格
- ☐ 手先が器用でものを組み立てるのが得意
- ☐ 人に教えるのは苦手

I（研究的）領域
- ☐ 探索的、研究的な仕事が好き
- ☐ 抽象的な物事を考えるのが好き
- ☐ 好奇心旺盛で几帳面な性格
- ☐ 論理的思考力、数理的能力がある
- ☐ 誰かを説得するのは苦手

A（芸術的）領域
- ☐ 作文、音楽、美術関係が得意
- ☐ 独創性、想像力に恵まれている
- ☐ 感情が豊かで表現力がある
- ☐ 他の人の考えや気持ちに対してオープンだ
- ☐ ルールにしばられるのが苦手

S（社会的）領域
- ☐ 人に役立つ仕事が好き
- ☐ 人に対して親切で寛容である
- ☐ 社交的で温かい性格
- ☐ 誰かに共感する能力が高い
- ☐ 精密な物や機械を扱う仕事は苦手

E（企業的）領域
- ☐ 企画したり、組織を運営する仕事が好き
- ☐ 人を指導したり説得するのが得意
- ☐ 外交的で人望がある
- ☐ リーダーシップがあり自分の考えをはっきり主張する
- ☐ 論理的に思考するのが苦手

C（慣習的）領域
- ☐ 決まりに従って同じことを繰り返す仕事が好き
- ☐ 事務処理が得意
- ☐ 練習して上達するのが楽しい
- ☐ 粘り強く用心深い性格
- ☐ 自由に創造するのは苦手

適職の例

さて、結果はどうだったでしょうか。チェックが多い領域の仕事が興味・関心から見た適職となります。必ずしも一つの領域に定まるとは限りませんので、複数の領域に同数のチェックがつく場合もあります。一つの領域にしぼらないといけないものではありません。図表2-6が職業例です。第3章のお仕事図鑑に詳しい内容がありますので、参考にしてみてください。

ここで注意したいのは、この結果はあくまで「今ここ」での興味や関心をもとにしたもので、占いのように「あなたの天職はこれだ！」と決まるわけではありません。

質問事項について、自分に問いかけながら答えたり人と話したりしているうちに、自分について考える時間が持てたのではないでしょうか。この過程が自己理解を促進するきっかけとなります。

図表2-6 あなたに適した職業

R領域	農家、漁師、料理人、大工、トリマー、自動車整備士、清掃員、電車運転士
I領域	医師、薬剤師、臨床検査技師、測量士、システムエンジニア、生産・品質管理技術者、アナリスト（証券アナリスト）、研究者
A領域	声優、カメラマン、お笑い芸人、ゲームクリエイター、イラストレーター、ファッションデザイナー、建築士（建築家）、小説家
S領域	マッサージ師（あん摩マッサージ指圧師）、ウェイター・ウェイトレス、ヘルパー、看護師、保育士、警察官、美容師、テーマパークスタッフ
E領域	ショップ店員、営業部員、カーディーラー、ソムリエ、コンシェルジュ、電話オペレーター、裁判官、スポーツ選手（チームスポーツ）
C領域	倉庫作業員、事務員、秘書、図書館司書、ライン作業員、車掌、宅配便配達員、航空管制官

興味・関心だけではない仕事選び

ここで見たのは興味・関心から見た適職ですが、実際の仕事を決めるのに「好き」や「興味がある」だけで選ぶのは危険です。実際に仕事に就くためには、適性も考える必要があります。

5 自己理解② 自分の特性を知る

自己理解として大切なもう一つの視点

　先ほど興味・関心について理解するということをお話してきました。趣味であれば興味・関心だけで選ぶことができます。しかし、仕事をするにあたっては、「好きだから」という理由だけでは難しい場面が多々生じてきます。そのときに必要となってくる視点が「特性」なのです。発達障害がある場合には、「特性」と聞くと障害特性を思い浮かべる方がいるかもしれません。それも特性の一部ですし、障害特性に限らず、どんなことが得意で、どんなことが苦手なのかということも把握していくことが大切になります。

職業選びのときに考えたい5つのポイント

　「どんなことが得意で、どんなことが苦手なのか」と問われても、幅が広すぎて、何から考えたらよいかわからないという方が多いかと思います。職業を選ぶ上で、最低限考えたいポイントを次ページに5つ挙げていますのでそちらを参考に考えてみてください。なお、第3章「お仕事図鑑」の中で紹介しているそれぞれの職業では、この5つのポイントがどの程度あてはまるのかを★印の数で記しています。興味・関心がある職業と自分の特性がどの程度、合致しているか確認してみるといいでしょう。注意していただきたいのは、興味・関心がある職業と特性が完全に合致していないからといって、その職業に就けないというわけではありません。より特性と近い職業を選ぶことも一つの方法ですし、実際に仕事に就くまでにはまだ期間があると思いますので、自分のスキルを向上したり補ったりする方向性を定めて、希望の職業に就けるように努力していくこともできます。

　子ども自身の理解と、親が思っている子どもの特性は、一致するとは限りません。子どもが自分自身のことをどう捉えているのかを理解することも含めて、親子で一緒に考えてみると、新たな発見があるかもしれません。親子で理解が一致していなくても、決して否定をしないように注意してください。

◆ 人づき合い【深さ】

　さまざまな人間関係を築く中で、幅広い人とつき合えるが浅いつき合いしかできないという方もいれば、つき合いの幅は狭いけれども深いつき合いをしているという人もいます。まずは、人間関係の深さを考えてみます。学生のときでいえば、同じクラスの人との関係性を考えてみましょう。クラスの人と放課後の時間まで一緒に遊びに行くことを楽しんでいるでしょうか。それとも、クラスの人とは学校で過ごす時間のつき合いで、放課後は1人で過ごすなど別のことをして過ごすことの方が落ち着けると感じているでしょうか。

◆ 人づき合い【広さ】

　次に、人間関係の広さを考えてみましょう。クラスの人など特定の仲がよい友達と遊ぶことが多いでしょうか。それとも、今のクラスの友達に限らず、前の年に同じクラスだった人、委員会が同じ人、同じ習いごとをしている人など、さまざまなつながりがある人たちと幅広くつき合っている人が多いでしょうか。

◆ 自主性

　自分で計画を立てて、活動の進め方などを考えることは得意でしょうか。たとえば、定期テストに向けた学習スケジュールの組み立てや、休みの日に友達と遊びに行く予定の組み立て、部屋の片づけ（大掃除など）をするときの段取りなどを思い浮かべてみましょう。「これをやって、あれをやって……」と頭の中だけであっても段取りを決めながらやることは得意でしょうか。それとも、「こうやって、次にこれをして……」などと誰かに決めてもらった方が取り組みやすいでしょうか。

◆ 活動性

　仕事の内容が、多くの動きを求められるかどうかを表します。同じことを淡々とこなしていくことは好きですか。それとも、同じような単調な作業を長時間続けることは飽きやすく、短時間で次々と変わる、タイプの異なるいくつもの作業に取り組んでいくことの方が好きですか。

◆ 体力

　日頃からスポーツをしているなど体力作りはしていますか。職業によっては、常に立って仕事をしたり、屋外での業務が基本だったりするなど、とても体力が必要となるものもあります。今の時点の体力で、将来の職業を決める必要はありませんが、体

を動かすことが好きなようであれば、どの程度、体力が求められるのかを含めて考えることも必要かもしれません。

職場環境により異なる、その他の特性

職業を選ぶにあたり、最低限は考えておきたい5つのポイントをお伝えしましたが、仕事をするにはその5つだけで十分というわけではありません。同じ職業であっても、職場の環境によって、求められるスキルが異なる場合があります。これは、実際に見学や体験、その職場で働く人に話を聞くなどをしなければわからないことではありますが、自分が環境によって、影響を受けやすいと感じる場合には、実際に働き始める前に確認できる機会を設けることができないかを考えてみましょう。

◆ 集中力
・どんな環境であっても、集中して必要な課題に取り組める。
・図書館のような静かな環境であれば、集中して課題に取り組める。

◆ 読み
・本などの文章を読むことが好き（得意）。
・簡単な本であっても、文章を読むことは好きではない（苦手）。

◆ 書き
・学習に必要な文字は、問題なく書くことができる。
・学習に必要であっても、可能な限り、書きたくない。

◆ パソコン操作
・検索や文書作成など文字入力も含めて、パソコン操作は得意。
・動画を見ることはよいが、文字入力を行うことは得意ではない。

◆ 同時に複数のことを進める
・先生の話を聞きながら、ノートに要点をまとめて書くことができる。
・先生の話を聞くか、ノートに書くかの、どちらか一方に集中してしまう。

◆急な変更への対応（臨機応変さ）
・突然の変更があっても、特に気にせずに対応できる。
・突然の変更は不安になることが多く、事前に予定がわかっている方が取り組みやすい。

◆人からの意見による修正
・人からの指摘によって、自分の考え方を見直し、相手の意見を聞き入れることができる。
・人から指摘されると、イラッとして、自分の意見を通そうとしてしまうことがある。

第 3 章

お仕事図鑑

RIASECの分類に沿って、
職業の一例を載せました。
ご自身にどんな職業が合うか、
試してみてください。

【職業性質傾向・凡例】

本章では、それぞれのお仕事に関して、下記の点の性質傾向を★の数で表現しています。
お仕事選びの判断基準にご利用ください。

【表現方法】　☆☆☆☆☆　まったく必要ない
　　　　　　　★☆☆☆☆　あまり必要ない
　　　　　　　★★☆☆☆　少し必要
　　　　　　　★★★☆☆　必要
　　　　　　　★★★★☆　かなり必要
　　　　　　　★★★★★　非常に必要

	内容
人づき合い【深さ】	同じ所属機関（社内など）における人間関係の広がりの程度を示しています。 1人で黙々と進めることが多いのか、チームで協力して進めることが多いのかにより★の数が異なります。 チームで協力して進めることが多いほど、★の数が多くなります。
人づき合い【広さ】	異なる所属機関（社外など）における人間関係の広がりの程度を示しています。 社内スタッフなど同じ機関に属する特定の人との関わりが中心となるのか、他社の人など他所属の人も含めた不特定多数の人との関わりが頻繁に生じるのかにより★の数が異なります。 不特定多数の人との関わりが頻繁に生じるほど、★の数が多くなります。
自主性	自分自身で業務の進め方を考えることの程度を示しています。 業務の進め方・やり方が決められてパターン化されているのか、自分で考えながら進めることが必要なのかにより★の数が異なります。 自分で考えながら進めることが多いほど、★の数が多くなります。
活動性	業務内容の動きの多さの程度を示しています。 動きが少なく淡々とした作業を続ける時間が長いのか、動きが多く業務内容の変化が短時間であるのかにより★の数が異なります。 動きが多い業務内容ほど、★の数が多くなります。
体力	基礎体力の求められる程度を示しています。 屋内で座り作業が多い業務なのか、屋外で立ち作業が多い業務なのかにより★の数が異なります。 屋外で立ち作業が多いほど、★の数が多くなります。

現実的タイプの仕事

【Rタイプ】

物や道具、機械、動物などを扱うことへの興味・関心が強い人に向いている仕事です。

第3章
お仕事図鑑
01-08

Work 01

農家

- お米や野菜、果物などの農作物を育てて売る仕事

お仕事基本データ

人づき合い【深さ】	★★★★☆
人づき合い【広さ】	★★★☆☆
自主性	★★★★★
活動性	★★★★★
体力	★★★★★

▶なるためには

特に資格や学歴などは必要ありません。しかし、高校の農業科または農業大学や大学の農学部で、専門知識を身につける人が多いです。また、農作物の運搬のために自動車免許は必須といえます。トラクター等を使用する場合は、小型または大型の特殊免許の取得が必要です。以前は、親のあとを継ぐなど血縁による就農が多かったようですが、最近は血縁とは関係なく新たに農業を始める若者も増えています。農業法人に就職したり、自治体による資金面・生活面での援助をもとに起農する人も増えています。

▶職業の特徴

❶自然を相手にするため、気温や天気のわずかな変化にも敏感である必要があります。
❷天候の変化により、農作物の日々の手入れを調整する必要が生じるため、知識や経験の蓄積が大切です。
❸天候の変化や自然災害等により、収穫できる量が変わるため、収入が安定しないことがあります。
❹生産者でありながら経営者であることも多く、農作物を生産するという視点だけにとどまらず、経営や販売などの幅広い視点を持つことが必要となります。

▶類似職業・概要

❶酪農家：牛を育て、牛乳の生産をしたり、それらを加工し、バター・チーズ・ヨーグルトなどの乳製品を作る仕事。
❷造園家：庭をデザイン・製作したり、庭の樹木などの手入れを定期的に行う仕事。庭師ともいう。
❸林業：森林に入り、樹木を伐採し木材を生産する仕事。

Work 02

漁師

▶ 海や川で漁をし、魚介類・海藻類などを捕って売る仕事

お仕事基本データ

人づき合い【深さ】	★★★★☆
人づき合い【広さ】	★★★☆☆
自主性	★★★★★
活動性	★★★☆☆
体力	★★★★★

▶ なるためには

漁師になるためには、特に学歴や試験は必要なく、中学卒業後から漁師になることができます。漁業会社に就職し、漁師としての技術を身につける人もいれば、水産高校に進学し水産業に関する知識や漁業経営を学んでから職に就く人もいます。

漁船を運転するための小型船舶操縦免許や海で連絡を取り合うための海上特殊無線技士免許の資格取得が必要です。

▶ 職業の特徴

1. 船上で長い時間を過ごすため、自宅以外での長い生活が苦手だったり、船酔いがある場合は漁師の仕事は難しくなります。
2. 気象学や生態学の知識、また経営的な視点を持つことが必要です。
3. 遠洋漁業、沖合漁業の場合、船の上での生活が長く年に数回しか家に帰ることができません。
4. 魚介類の種類によって、夜中もしくは明け方に船が出るなど、日が昇る前から働くことも多くあります。

▶ 類似職業・概要

1. 養殖業：水槽やいけすで魚を育て、出荷する仕事。
2. 水産加工業：魚介類・貝類を加工し、冷凍食品・缶詰め・練り製品等を製造販売する仕事。

Work 03
料理人

▶ ホテル、レストラン、料亭などで料理を作る仕事

お仕事基本データ

人づき合い【深さ】	★★★★☆
人づき合い【広さ】	★★★☆☆
自主性	★★★★☆
活動性	★★★★★
体力	★★★★★

▶ なるためには

免許や資格がなくても料理の仕事に就くことができますが、調理に関する資格としては調理師免許が有名です。養成学校、専門学校を卒業することでも取得できますが、飲食店等での2年以上の実務経験があれば受験資格が得られます。和食、洋食、中華、どの世界であっても学歴を問われることはあまりなく、「見習い」として働き始め、修行を積んでキャリアを築いていくことができます。その後、独立して自分のお店を持つこともできます。

▶ 職業の特徴

❶ 朝が早く長時間の拘束になることが多く、また重い什器や食材を運ぶこともあるので体力が必要です。
❷ 数年間の厳しい修行時代を乗り越える忍耐力が必要となります。
❸ 確かな味覚を持っていることや独自のセンスも求められます。
❹ サービス業であるため一般の人が休みである土日祝日は仕事になる場合が多いです。

▶ 類似職業・概要

❶ パティシエ：ケーキやクッキーなど特に洋菓子を作る仕事。
❷ 栄養士・管理栄養士：栄養指導、メニュー開発を行う仕事。国家資格である。
❸ ソムリエ：お客さんの好みや食事、シーンに合うワインを選び提供する仕事。
❹ バーテンダー：バーでカクテルなどのお酒を作る仕事。お客さんの要望に合わせてオリジナルカクテルを作ることもある。

Work 04
大工

▶ 専用の道具を使いながら、主に木造建物の建築工事をする仕事

お仕事基本データ

人づき合い【深さ】	★★★☆☆
人づき合い【広さ】	★★☆☆☆
自主性	★★★★☆
活動性	★★★★★
体力	★★★★★

▶ **なるためには**

特に資格や学歴などは必要ありません。最初のうちは棟梁（親方）の手伝いという形で経験を積み、早ければ3年ほどで一人前と認められ、大工としての仕事を任せられます。また、職業能力開発短期大学校で大工としての技能者の養成も行っています。

▶ **職業の特徴**

❶ 技術によって仕上がりに大きな差が出ることがあるので手先が器用である必要があります。
❷ 外での仕事が多く、重い材料を運ぶこともあるので体力が必要です。
❸ ケガや事故、ミスを防ぐために、集中力が必要となります。
❹ 建設現場で働くことが多いので、作業着を着て仕事をします。
❺ 平面的な図面から立体的な建物を作るため、頭を使う仕事です。
❻ 忙しさが時期により異なり、天気によって急に休みになることもあります。
❼ もの作りが好きで、下働きに耐えて一人前になりたいという素直さと忍耐とやる気が必要です。

▶ **類似職業・概要**

❶ 鳶（とび）：ビルや橋の建設現場などの高いところで一番最初に足場や鉄骨を組み立てる仕事。
❷ 石工：石材を切り出し、墓石やタイル、建築工事用の石材などを製作する仕事。
❸ 左官：土や砂などの材料と水を用いて、壁を塗る仕事。

Work 05
トリマー

▶ 犬や猫などのペットの毛並みを整えるトリミングを行う仕事

お仕事基本データ

人づき合い【深さ】	★★☆☆☆
人づき合い【広さ】	★★★★★
自主性	★★★★☆
活動性	★★★★☆
体力	★★★★★

▶ なるためには
国家資格はなく、資格がなくても働くことができます。いくつかの民間団体が設ける認定試験があり、その資格を持っていると就職のときに推薦を受ける目安になることもあります。動物病院に勤務すると、動物看護師としての仕事も任されることがあります。専門学校や通信講座で勉強したあと、就職するのが一般的です。

▶ 職業の特徴
❶ お客さんの要望に合うようにカットの方法を臨機応変に決める必要があります。
❷ 動物と関わる仕事で1日の大半を動物と過ごします。
❸ 接客業でもあるため、礼儀正しさやコミュニケーションスキルも求められます。
❹ トリミングを通してペットの健康面のケアをするため、頭を使う仕事です。
❺ ペットにケガをさせないように、集中力も必要となります。
❻ 動物は言葉が通じないので、吠えられたり噛まれたりすることもあります。
❼ 基本的にシフト制のところが多いですが、土日や祝日はお客さんも増えるため、休みは平日になることが多いです。

▶ 類似職業・概要
❶ 動物園の飼育係：動物の世話や施設の維持、お客さんへの説明など、動物と人が快適に過ごせる環境を作る仕事。
❷ ドッグトレーナー：警察犬や盲導犬、介助犬などのさまざまな種類の犬の調教を行う仕事。
❸ 獣医師：ケガや病気をした動物を治療したり、予防のための処置をする仕事。

Work 06
自動車整備士

▶ 専門的な技術のもと、自動車の点検や修理を行い、自動車のトラブルを解決する仕事

お仕事基本データ

人づき合い【深さ】	★★★☆☆
人づき合い【広さ】	★★★★☆
自主性	★★★★☆
活動性	★★★★☆
体力	★★★★★

▶ なるためには

自動車整備の仕事に就くために必須の資格があるわけではありませんが、自動車整備士の資格を持っていることが就職の条件となっていることが多いです。自動車整備士の資格は国土交通省が実施する「自動車整備士技能検定」という国家資格であり、級が4つ（特殊整備士、3級、2級、1級）に分かれています。それぞれ受験資格が定められており、自動車整備士専門学校に通うか、一定の実務経験が必要です。2級を取得しておくと就職の際に有利になります。資格取得後、整備工場やディーラーなどに就職をすることで、自動車整備士として働くことができます。

▶ 職業の特徴

❶ どんな種類の自動車でも直す必要があるので、専門性が必要です。
❷ 地道な作業も多いのでコツコツと仕事を続けられることが必要です。
❸ 日々、自動車も進化しているため、いろいろな車のことを知る探究心が必要です。
❹ お客さんと話し、要望に耳を傾けることも大切です。
❺ 重い部品を運んだり、室外での仕事が多いので体力が必要です。
❻ 業務の中には汚れる仕事もあるので、作業着を着て仕事をします。
❼ 企業によっては休みが平日になることもあります。

▶ 類似職業・概要

❶ 二輪自動車整備士：二輪自動車が安全に走行できるように、点検、修理、整備を行う仕事。
❷ ディーラースタッフ：車を販売、整備、自動車保険やローンの管理などを行う仕事。
❸ カーメカニック：カーレースの車を最高のパフォーマンスができる状態に整備、管理する仕事。

Work 07
清掃員

▶ 決められた場所をきれいに掃除し、清潔感を保つ仕事

お仕事基本データ

人づき合い【深さ】	★★★★☆
人づき合い【広さ】	★★★☆☆
自主性	★★★☆☆
活動性	★★★★☆
体力	★★★★☆

▶ なるためには

特に資格や学歴などは必要ありません。しかし、会社によっては特定の資格を必要とする場合があります。主に清掃会社やビル管理会社に就職し、研修で技術を習得することで清掃の仕事に就くことができます。パートやアルバイトとしての求人も多いのが特徴です。経験を積むとリーダーとして作業員のまとめ役や現場の管理などを任されることもあります。

▶ 職業の特徴

❶ 同じ場所を清掃することが多いので根気強さが必要です。
❷ どこが汚れているのか、きちんと見つけられる注意力が必要です。
❸ 汚れる仕事もあるため、作業着で仕事をします。
❹ 朝から晩まで広範囲を清掃することもあるので体力をつけておく必要があります。
❺ 複数人（チーム）で清掃場所を分担する場合、お互いに協力し合うことが大切です。

▶ 類似職業・概要

❶ ゴミ収集員：ゴミ収集車に乗って、家庭や会社、学校などから出たゴミを集め、ゴミ処理場で処理する仕事。
❷ 高層ビル清掃員：高層ビルの窓の外側を、ゴンドラに乗りながら丁寧に拭き上げていく仕事。

Work 08
電車運転士

▶ 電車を運転して、乗客を時間通りに安全に目的地まで運ぶ仕事

お仕事基本データ

人づき合い【深さ】	★★☆☆☆
人づき合い【広さ】	★★★★☆
自主性	★★★☆☆
活動性	★★☆☆☆
体力	★★☆☆☆

▶ なるためには
まず鉄道会社が主催している鉄道現業職採用試験を受験し、内定をもらうことが必要です。しかし、鉄道会社からの求人情報は、まずは過去に採用実績のある高校に入るケースがほとんどです。会社によって規定の違いがありますが、鉄道会社に就職しても、すぐに運転士になれるわけではなく、下積みとして駅員として働くことになります。その後、社内の試験に合格すると車掌になることができます。そこで数年の経験を重ねた後、運転士の免許を取得するための国家試験を受けることができ、合格すれば運転士として働くことができます。

▶ 職業の特徴
❶ どんな緊急事態があったとしても、お客さんにとって一番安全な状況を判断し、指示する必要があります。
❷ たくさんのお客さんがいるため、さまざまなタイプのお客さんとのコミュニケーションを取る必要もあります。
❸ 数千人の命を預かることもあるため、集中力や注意力が大切です。
❹ 決められたダイヤ通りに運行するため、正確な自己管理と緻密な操作が必要です。
❺ 毎日電車は動くため、休みが不定期になることがあります。
❻ 食事やトイレの時間も決められており、自由に動けるわけではありません。

▶ 類似職業・概要
❶ トラック運転手：トラックで指定されたところに荷物を運ぶ仕事。
❷ バス運転手：バスを使って、お客さんを目的地まで安全に運ぶ仕事。
❸ タクシー運転手：お客さんに指定された場所まで、お客さんを安全に運ぶ仕事。

研究的タイプの仕事

【Iタイプ】

第3章
お仕事図鑑
09〜16

物事を深く知り、分析して新しい理論を構築すること、
物理、生物、文化など幅広いことに
興味・関心が強い人に向いている仕事です。

Work 09

医師

▶ 病気やケガの診察・治療・投薬を行う仕事

お仕事基本データ

人づき合い【深さ】	★★★★☆
人づき合い【広さ】	★★★★★
自主性	★★★★★
活動性	★★★☆★
体力	★★★★★

▶ なるためには

大学の医学部か医科大学で6年間の勉強の上、国家試験に合格し医師免許を取得することが必要となります。さらに、医師免許取得後に、指定病院か大学付属病院での2年以上の臨床研修が義務づけられています。大学の医学部の入学試験は、他の学部に比べてとても難しく、高校在学中からかなりの勉強量が必要となります。大学入学後も難しい勉強をしていかなければならないものの、それに耐えることができれば医師国家試験の合格率が約9割というように、多くの人は医師免許を取得することができます。

医師といっても患者と直接接して診療に当たる、いわゆる「お医者さん」と呼ばれる臨床医と、病気の原因を突き止めるために基礎医学を研究する研究医に分けられます。

▶ 職業の特徴

❶ 人の生命に関わるため、非常に責任の重い仕事です。
❷ 病気やケガで不安な患者に対する思いやりの気持ちや患者との信頼関係を築くことができるコミュニケーションスキルが求められます。
❸ 長時間労働や休日出勤が多く、体力的にも精神的にも忍耐が必要となります。
❹ 常に進化する医療技術や知識を学び続けることが大切です。

▶ 類似職業・概要

❶ 看護師：患者を診る際の医師のサポートや、その他患者の食事や入浴をケアする仕事。
❷ 放射線技師：医師の指示の下、放射線を使用した検査やがん治療などを行う仕事。
❸ 助産師：妊婦出産時の介助から妊娠〜出産後の心身ケアまで、妊産婦をサポートする仕事。

Work 10
薬剤師

▶ 薬の調剤をしたり、薬品の研究・開発や検査をする仕事

お仕事基本データ	
人づき合い【深さ】	★★☆☆☆
人づき合い【広さ】	★★★★★
自主性	★★★★☆
活動性	★★★☆☆
体力	★★★☆☆

▶ **なるためには**

大学の薬学部か薬科大学で薬剤師養成課程（6年制）を卒業し受験資格を得た上で、薬剤師国家試験に合格する必要があります。就職先には、病院、ドラッグストア、調剤薬局、製薬会社などがあります。薬の知識を生かしてMRという営業職に就く人も多く、医師に自社の薬の情報を提供する仕事をします。

▶ **職業の特徴**

❶ 薬は命に関わることもあるため、分量や内容、組み合わせなどさまざまな面での正確さが求められます。
❷ 病院や薬局で、長時間の調合を続けることも多く、集中力とスピーディーな作業が求められます。
❸ 正しい薬の飲み方や飲み合わせなどについてわかりやすく説明するなど、患者さんとのコミュニケーションが必要です。
❹ 日々進化を続ける薬の技術や知識をたえず学び続ける探究心が必要です。
❺ 調剤の現場や窓口でも1日中立っていることが多く、体力が必要な一面もあります。

▶ **類似職業・概要**

❶ 医薬品製造販売業・製造業：医薬品の製造販売をする仕事。法律により許可、登録制となっている。
❷ 新薬の研究開発：病気の治療薬を研究・開発する仕事。

Work 11
臨床検査技師

▶ 病気の診断や治療に必要な検査を医師の指示で行う仕事

お仕事基本データ

人づき合い【深さ】	★★★★☆
人づき合い【広さ】	★★★★★
自主性	★★★☆☆
活動性	★★★★☆
体力	★★★★☆

▶ なるためには

専門学校や短大、大学で臨床検査の養成過程を修了することが必要です。その課程を修了することで臨床検査技師国家試験の受験資格を得ることができます。臨床検査技師国家試験に合格したあとに、登録申請を行い、臨床検査技師になることができます。
検査部門を持っている総合病院や専門の血液センターに就職ができます。

▶ 職業の特徴

❶ 進化し続ける医学の知識を学び続けられる人が求められます。
❷ 検査の機械化が進む一方、複雑な操作は「人の手」が必要で手先が器用な人に向いています。
❸ 大きな病院では「チーム医療」が基本であり、コミュニケーションスキルが必要です。
❹ 大きな病院では緊急の検査に対応するため、急な呼び出しへの対応をすることもあります。

▶ 類似職業・概要

❶ 細胞検査士：がん細胞を発見する細胞診を専門に担当する仕事。臨床検査技師の上級職。
❷ 超音波検査士：エコー（超音波）検査を専門に担当する仕事で、腹部・甲状腺などの検査を行うことが多い。
❸ 臨床工学技士：医師の指示の下に、医療に関する機器の保守点検を行う仕事。

Work 12 測量士

▶ 土地や建物の高さ、面積、長さなどを測る仕事

お仕事基本データ

人づき合い【深さ】	★★★★★
人づき合い【広さ】	★★★★★
自主性	★★★★★
活動性	★★★★★
体力	★★★★★

▶ なるためには

国家資格である測量士になるためには2つの方法があります。1つ目は、測量士試験を受験し合格することで、測量士として登録する方法です。2つ目は、特定の学校で学んだ後に、実務経験を積むことで測量士試験を受けずに測量士として登録することができます。就職先は建設会社や土木会社、測量会社、不動産を扱う会社などが一般的ですが、国土地理院、国土交通省、各都道府県土木課などで公務員として働くこともできます。

▶ 職業の特徴

❶真夏や真冬でも外で仕事をし、機材を運ぶこともあるため、体力が必要です。
❷データを扱う仕事のため、数字や図形、地図などに慣れ親しんでおくことが必要です。
❸地道なデスクワークも多いため、忍耐力や集中力が必要です。
❹パソコンによる仕事もあるため、パソコンに関する高い専門性も求められます。
❺外での仕事が多く、休憩がなかなか取れないこともあります。

▶ 類似職業・概要

❶地図製作者：お客さんの目的に応じた地図の作成をする仕事。
❷不動産鑑定士：不動産の価値を把握し、お金にしたらいくらになるのか、鑑定をする仕事。

Work 13
システムエンジニア

▶ 会社の中で使用する情報システムやネットワーク、アプリケーションなどを企画、開発する仕事

お仕事基本データ

人づき合い【深さ】	★★★★☆
人づき合い【広さ】	★★★★☆
自主性	★★★★★
活動性	★★★★☆
体力	★★☆☆☆

▶ なるためには

会社に所属して会社内でシステムエンジニアとして働くか、ITコンサルタント会社やシステム会社といった受託開発を行う会社で働くかの2パターンがあります。どちらで働くにしても、特別な資格は必要ありません。しかし、大企業や高度な技術や知識を求められる場合は、高等専門学校や情報システムを扱う学部の大学卒業などを条件にする会社もあります。入社してからの研修制度が整っている企業だと、文系、理系を問わない会社もあります。

▶ 職業の特徴

❶いろいろな人から要望や改善点を聞き出せるようなコミュニケーションスキルが必要です。
❷システムに詳しくない人に対して、正しく伝わるように丁寧に伝えることも必要です。
❸新しい知識や技術の習得も必要なので、ITへの興味がなければ仕事として継続していくことが難しいでしょう。
❹IT業界は移り変わりがとても速く、いち早く技術を使えるような臨機応変さも求められます。
❺会社内でのシステムエンジニアは裏方になるため、地道な作業も多いです。
❻1日中、PCと向き合うデスクワークとなることもあります。

▶ 類似職業・概要

❶プログラマー：コンピュータの基礎となる「プログラム言語」を使って、コンピュータプログラムを組むことで、さまざまなシステムやソフトウェアを作る仕事。
❷ネットワークエンジニア：ネットワークインフラのシステムを設計、構築、運用、保守する仕事。

Work 14
生産・品質管理技術者

▶ メーカー等に勤務し、製品がきちんとした状態で、頼まれた時間内にお客さんのもとへ届くように計画を立てる仕事

お仕事基本データ

人づき合い【深さ】	★★★★☆
人づき合い【広さ】	★★★★★
自主性	★★★★★
活動性	★★★★☆
体力	★★★☆☆

▶ なるためには

特に資格や学歴などは必要ありません。しかし、高校の機械系や電気・化学系、大学の理工学部など、もの作りに関連する学科で学んでおくと、有利になります。主にメーカーに入社後10年ほど実務経験を積んだあと、生産品質管理部門などで生産・品質管理技術者として働くことが多いです。

▶ 職業の特徴

❶いろいろな人から情報を聞き出すので、コミュニケーションスキルが必要です。
❷計画を立てたあと、計画通りに実行できる実行力が必要です。
❸クレームを受けたときに、臨機応変に対応できることが大切です。
❹地味な作業が多く、縁の下の力持ちの立ち位置になります。
❺常に計画通りに生産が進んでいるか、トラブルは起きていないか等を確認する必要があり、細やかな気配りが不可欠です。

▶ 類似職業・概要

❶臨床工学技士：医師の指示の下に、医療に関する機器の保守点検を行う仕事。
❷システムエンジニア：お客さんからの要望に応じたシステムを設計、開発する仕事。
❸技術士：科学技術に関する計画や研究などを行う人に対し、自分の知識・経験を生かし指導・助言をする仕事。

Work 15
アナリスト(証券アナリスト)

▶ 経済、金融、企業の財務状況などを調査・分析し、個人や金融機関、投資家の資産運用についてアドバイスをする仕事

お仕事基本データ

人づき合い【深さ】	★★★★★
人づき合い【広さ】	★★★★★
自主性	★★★★★
活動性	★★★★★
体力	★★★★★

▶ なるためには

特に資格や学歴などは必要ありません。しかし、日本証券アナリスト協会の定める証券アナリストの検定試験に合格し、実務経験を積んで、検定員になることで、専門家として認められ有利になることが多いです。証券アナリストとして働く人の多くは、証券会社、投資信託会社、生命保険会社などの企業に所属します。人数としては少ないですが、フリーで活躍している人もいます。

▶ 職業の特徴

❶ 常にたくさんのデータを収集し、分析する力が必要です。
❷ 長時間、コンピュータに向かって仕事をすることもあるので、集中力や根気も欠かせません。
❸ さまざまな人から情報を仕入れるなど、コミュニケーション力が必要です。
❹ 小さな変化にも気がつく敏感さが必要です。
❺ 時期によっては調査のため、多忙なことが多く、出張が増えることもあります。
❻ 休日も経済は動くため、特別な動きがないか、常に注意しておく必要があります。

▶ 類似職業・概要

❶ 保険外交員：お客さんのライフスタイルにあった保険を紹介、提供、販売する仕事。
❷ 国税専門官：国税庁や税務署に勤め、税金に対する調査や指導を行う仕事。
❸ ファンドマネージャー：投資家から預かった資金の運用計画を立て、それを実行する仕事。

Work 16 海洋学研究者

▶ 海に関する生物、地質学などさまざまなことを研究する仕事

お仕事基本データ

人づき合い【深さ】	★★☆☆☆
人づき合い【広さ】	★★★★☆
自主性	★★★★★
活動性	★★★☆☆
体力	★★★★☆

▶ なるためには

海洋学研究者として働くためには、大学や水産庁などの研究所に勤めることになります。海洋学に関する大学、学部、学科を卒業後、大学院に進学します。大学院修了後は大学に講師として勤め、准教授、教授とステップアップしていき研究を続けるか、研究機関に就職して研究を続けるかです。

▶ 職業の特徴

❶ 毎日研究をすることになるので、海に関しての探究心や好奇心が必要です。
❷ たくさんの論文を読むため、書くための国語力、英語力が必要です。
❸ なかなか成果が出ないときもありますが、長い目線で成果を捉える必要があります。
❹ いろいろな場所に出向くことが多いため、行動力が必要です。
❺ 成果を出すことで雇用されることが多く、成果を出し続けなければいけないプレッシャーがあります。
❻ 分野によっては長時間船の上で仕事をするときもあります。

▶ 類似職業・概要

❶ 考古学者：遺跡や昔の建物を調査し、人類の生活様式の歴史や文化を研究する仕事。
❷ 大学教授：研究をしながら、大学で学生に対して研究分野に関する講義を行う仕事。
❸ 潜水士：水中で救命活動を行うほか、調査や工事などの作業をする仕事。

芸術的タイプの仕事

【Aタイプ】

文章を書くこと、話すこと、美術や音楽、演技など、
ルールに縛られず自分を表現することに
興味・関心が強い人に向いている仕事です。

第3章 お仕事図鑑 17-24

Work 17

声優

▶ アニメ映画や外国映画などで登場人物の声の吹き替えをする仕事

お仕事基本データ

人づき合い【深さ】	★★★☆★
人づき合い【広さ】	★★★★★
自主性	★★★★★
活動性	★★★★☆
体力	★★★☆★

▶ なるためには

特に資格や学歴などは必要ありません。声優になるための基礎である発声法・歌唱力・正しい発音などは、専門学校や声優養成所で学ぶことができます。卒業後は声優のプロダクション事務所に所属し、オーディションに応募して合格すればデビューという流れとなります。
また、そのほかに劇団所属から転身し声優として活躍する人もいます。

▶ 職業の特徴

❶ 登場人物に合わせて声を重ねて演じるのはとても難しく、高いスキルが求められます。
❷ 視聴者に伝わるのは声だけのため、高い表現力が求められます。
❸ タイミングよく声を出すために反射神経を鍛えることも必要です。
❹ 複数の声優で1つの作品を作るため、協調性やコミュニケーションスキルも必要となります。
❺ 風邪をひき声が出ないと仕事にならないため健康管理に注意が必要です。

▶ 類似職業・概要

❶ アニメーター：アニメーションのキャラクターやほかの登場人物、背景の絵を指示に従い細かく描く仕事。
❷ シナリオライター（脚本家）：映画、テレビドラマ、アニメ・ゲーム、舞台、ラジオドラマなどの脚本を書く仕事。
❸ アニメ歌手：アニメの主題歌を歌う仕事。

Work 18
カメラマン

▶ 報道、芸能、広告、各種イベントなどの広い分野で写真の撮影をする仕事

お仕事基本データ

人づき合い【深さ】	★★★☆☆
人づき合い【広さ】	★★★★★
自主性	★★★★★
活動性	★★★★★
体力	★★★★☆

▶ なるためには

特に資格や学歴などは必要ありません。写真の専門学校や養成スクール、または独学で基本的な知識や技術を身につけます。スタジオなどへの就職もしくはフリーランスの道があります。独学で写真の腕を磨きながら出版社やデザイン事務所に売り込みをして、仕事をする人もいます。多くの場合は、初めはアシスタントとして就職し、実際に写真を撮影することはありません。雑用をこなしながら技術を習得し、現場経験を積みながら一人前のカメラマンになっていきます。

▶ 職業の特徴

❶アシスタント時代は忍耐力や体力が求められ、乗り越えられる強い気持ちが必要です。
❷人物カメラマンは、ベストな表情を引き出せる明るさや面白さが必要です。
❸カメラマンは撮影スケジュールや締切など、期日を守りながら仕事をします。
❹時間指定がある場合の撮影や、多くの人物を撮影する場合など長時間の撮影になることもあります。
❺休日や勤務時間は不定期です。

▶ 類似職業・概要

❶ビデオカメラマン・ビデオグラファー：映像を撮り、映像作品の制作をする仕事。
❷撮影監督：映画やテレビで演技や照明配置・撮影方法など映像のすべてに責任を負い進行する仕事。

Work 19 お笑い芸人

▶ 漫才やコントにより、テレビやラジオ、ライブを通して人を笑わせる仕事

お仕事基本データ

人づき合い【深さ】	★★★★★
人づき合い【広さ】	★★★★★
自主性	★★★★★
活動性	★★★★★
体力	★★★★★

▶ なるためには

特に資格や学歴などは必要ありません。昔は有名人への弟子入りが主なルートでしたが、最近は専門学校や大手プロダクションの養成コースで学ぶ人が増えています。芸能事務所所属の方が仕事が回ってくることが多いことから、事務所オーディションを受けて所属する人が多いです。所属先のライブの仕事などからだんだんと人気が高まり、テレビでの仕事が回ってきます。

▶ 職業の特徴

❶ 人を笑わせたいという、ネタ作りの発想力が必要です。
❷ 人気が出るまでの修行期間は収入も低く、芸を磨く努力と忍耐力が必要です。
❸ 状況によって、ネタをアレンジしたり、機転を利かすなどの臨機応変さが必要です。
❹ 交友関係を広げて周囲へ自分を売り込むためのアピールが必要です。
❺ 休みは不定期です。
❻ 休みであってもネタをあわせたり、次のコントのネタを考えるなど探究心を持って取り組むことが必要です。

▶ 類似職業・概要

❶ 俳優・女優：テレビドラマや映画、演劇などにおいて、そこに登場する人物の役柄を演じる仕事。
❷ 芸能マネージャー：俳優・タレント・歌手のスケジュール管理・出演交渉など芸能活動をサポートする仕事。

Work 20
ゲームクリエーター

- いろいろな役割の人と協力しながら、共同でゲームを作る仕事

お仕事基本データ

人づき合い【深さ】	★★★★☆
人づき合い【広さ】	★★★★★
自主性	★★★★★
活動性	★★★★☆
体力	★★☆☆☆

▶ **なるためには**

ゲームクリエーターには、さまざまな仕事と役割があります。ゲームの開発を行うプログラマーやグラフィックデザイナーなどになる場合には、ゲーム制作に関連する専門学校を卒業したあとに就職するという人が多いです。企画立案を中心に行うプランナーやディレクターなどになる場合には、大学卒業を条件とする会社もあります。また、「こんなゲームを作ろう」と企画だけ行う会社や、ゲームの中の絵などを描くグラフィックだけ行う会社など、専業に特化した会社もあります。ゲームクリエーターは、ゲームメーカーやゲームソフト開発会社で働いていることが多いです。

▶ **職業の特徴**

❶ ゲームの1つの作品を作成するのには何年もかかるため、最後まであきらめない姿勢や責任感が求められます。
❷ いろいろな人と一緒に仕事をするので、コミュニケーションを取ることや協調性が必要です。
❸ 開発職に就きたい場合、プログラミングやデッサンの知識・経験なども必要です。
❹ 多くの人が関わるので、期限をきちんと守ることが大切です。
❺ 何かトラブルが起きたときには、残業や休日出勤をしなければいけないこともあります。

▶ **類似職業・概要**

❶ 漫画家：出版社などから依頼を受け、雑誌や書籍などに掲載される漫画を描く仕事。
❷ イラストレーター：依頼主の要望に応じてさまざまなイラストを描く仕事。

Work 21 イラストレーター

▶ 依頼主の要望に応じて広告のイラストや挿絵などのイラストを描く仕事

お仕事基本データ

人づき合い【深さ】	★★★★☆
人づき合い【広さ】	★★★★★
自主性	★★★★★
活動性	★★★★★
体力	★★☆☆☆

▶ なるためには

特に資格や学歴などは必要ありません。ただ、美術系の専門学校や大学での勉強を経て、イラストレーターになる人が多いです。まずは、就職して経験を重ねていくケースが多いといえます。就職先としては、デザイン事務所や広告制作会社、企業の広報部のほかに、最近ではゲーム会社やアニメ制作会社など幅が広がっています。経験を積んだのちに、フリーランスとして独立する人も増えています。

▶ 職業の特徴

① 人とのつながりで仕事が決まることが多いので、人に信頼してもらえるような協調性が必要です。
② 信頼を失わないようにするためにも、納期をきちんと守る必要があります。
③ 人から頼まれたものを描くことが主な仕事になるので、理解力や表現力が高く求められます。
④ 他の人には真似することのできないようなオリジナリティが大切です。
⑤ 期限のある仕事が多いので、時期によっては休みがなかなか取れないこともあります。
⑥ 周りの人から評価されないうちは、思うように収入が得られないこともあります。

▶ 類似職業・概要

① 画家：自分の描いた作品を売る仕事。
② 絵本作家：おもに子どもを対象として、ストーリーを考え、そのストーリーに合った絵を描き、物語を伝える仕事。
③ グラフィックデザイナー：お客さんと一緒に企画やデザインを検討し、実際のレイアウトから完成品の制作まで一連の流れを担当する仕事。

Work 22
ファッションデザイナー

▶ 服や靴、バッグなど身につけるものをデザインする仕事

お仕事基本データ

人づき合い【深さ】	★★★★★
人づき合い【広さ】	★★★★☆
自主性	★★★★★
活動性	★★★★★
体力	★★★★★

▶ **なるためには**

特に資格や学歴などは必要ありません。しかし、専門的な知識や技術が必要であるため、服飾系の専門学校や、短大・大学の服飾系学科などで勉強して、卒業後にアパレルメーカーに就職する人が多いです。また、アパレルメーカーに就職したとしても、すぐにファッションデザイナーとして活躍できるとは限らず、展覧会やファッションショーなどさまざまな経験を積む必要があります。

▶ **職業の特徴**

❶ どんな服が流行するのかなど敏感に流行を先読みすることが求められます。
❷ 裁縫(さいほう)を行うこともあるので、手先の器用さが必要です。
❸ 他の人がデザインできない自分らしさ、独創性も重要です。
❹ 頭の中に浮かんだアイデアを実際に形にする表現力が必要です。
❺ 何人かでチームを組むことが多いので、コミュニケーションスキルや協調性も大切です。
❻ 競争が激しく、有名になれる人はほんの一部です。また、有名になったとしてもそれを維持するのが難しい職業でもあります。
❼ 期限のある仕事も多いので、決まった時間に帰ることができないことも多いです。

▶ **類似職業・概要**

❶ ファッションモデル：CMや雑誌などで服を着こなし、ブランドやその商品のイメージを表現する仕事。
❷ 美容師：お客さんの希望に応じて、髪を切る仕事。
❸ スタイリスト：テレビや雑誌などでタレントやモデルが身につける洋服や靴、アクセサリーなどをコーディネートする仕事。

Work 23
建築士（建築家）

▶ 安全で使いやすい建物を考えて造る仕事

お仕事基本データ

人づき合い【深さ】	★★★★☆
人づき合い【広さ】	★★★★★
自主性	★★★★★
活動性	★★★★★
体力	★★☆☆☆

▶ なるためには

国家資格が必要です。木造建築士、二級建築士、一級建築士があり、資格によって扱える建物の大きさや種類が違います。この試験は誰にでも受けられるということではなく、「実務経験」が必要になります。この実務経験の年数は自分の持っている「学歴」によって変わります。高校や高等専門学校、大学で建築や土木を学ぶところから始まり、設計や工事監理の仕事である程度の経験を積むと受験資格が得られます。

▶ 職業の特徴

❶お客さんの予算やイメージをヒアリングするため、コミュニケーションスキルが必要です。
❷イメージを図面に起こすため、デザインセンスや想像力、表現力が必要です。
❸丈夫な建物を造るために、構造力学の知識や、材料や設備に関する知識が必要です。
❹たくさんの職人のまとめ役となって現場を仕切ることもあるため、調整能力も必要です。
❺締め切りのある仕事なので、直前に問題が起きてしまうと徹夜が続くなど休みがなかなか取れないこともあります。
❻お客さんの都合に合わせて仕事をするため、休みが不定期になりやすいです。

▶ 類似職業・概要

❶宅地建物取引主任者：不動産の売買や賃貸に関して土地の調査を行い、契約を締結する仲介の仕事。
❷空間デザイナー：イベントや店舗などで与えられたスペースのデザインをする仕事。
❸インテリアプランナー：住宅や店舗、オフィスなどでインテリアの設計を行う仕事。

Work 24
小説家

▶ 物語を創作し、小説として公の場に発表する仕事

お仕事基本データ

人づき合い【深さ】	★★★★★
人づき合い【広さ】	★★★★★
自主性	★★★★★
活動性	★★★★★
体力	★★★★★

▶ なるためには
文学賞でのデビューが一般的です。賞を受賞すると、書籍化され、全国で出版されます。また、他の方法としては、自分から出版社に売り込む方法や、インターネット上で小説を公開して出版社から声をかけてもらうなどの方法があります。

▶ 職業の特徴
❶ 最後まで書き上げる忍耐力が必要です。
❷ 他の人が思いつかないようなユニークな発想が必要です。
❸ 調べものを行ったり文章を書いたりと、1人で作業することが多く、仕事に関しての計画や責任を自分で持たなければいけません。
❹ 現在、読書離れが続いており、以前よりも小説家としてデビューすることが難しくなっています。
❺ 孤独な作業となり、精神的に辛くなることも多くあります。

▶ 類似職業・概要
❶ 書店員：書店での本の販売や在庫管理、本の陳列・整理、来客対応などをする仕事。
❷ 編集者：書籍や雑誌などの本を企画・制作する仕事。
❸ 新聞記者：経済や国際情勢、政治、社会などの世界の動きを取材し、記事を書く仕事。

社会的タイプの仕事

【Sタイプ】

第3章 お仕事図鑑 25-32

人と関わることが好きで、人の役に立つこと、
他者を理解すること、治療、指導に
興味・関心が強い人に向いている仕事です。

Work 25
マッサージ師(あん摩マッサージ指圧師)

▶ 肩こり、腰痛、疲れなど人の体の不調を、手でなでる・押す・揉むことにより改善させる仕事

お仕事基本データ

人づき合い【深さ】	★★☆☆☆
人づき合い【広さ】	★★★★★
自主性	★★★★☆
活動性	★★★★★
体力	★★★★☆

▶ なるためには
国家資格が必要です。取得するには養成過程がある専門学校または大学で3～4年間学び、受験資格を得る必要があります。また盲学校で受験資格を取得するためには3～5年の学習期間が必要です。開業権があるため、資格取得後の進路としては治療院や各種マッサージ店を開くことができます。その他に、スポーツトレーナー、病院の整形外科、理学療法科、リハビリ科などでマッサージの施術を行うこともできます。

▶ 職業の特徴
❶ 人と直接ふれあい、体の不調を聞くためのコミュニケーション能力が必須となります。
❷ 施術による患者さんの反応を見ながら、マッサージの強さや位置を変えていくことが必要となります。
❸ 施術に指と腕をよく使うため、痛めないようなケアが必要です。
❹ 職場によっては、白衣を着て仕事をします。
❺ 開業をしている人は土日祝日が仕事になったり、最近では日中働いているお客さんのために夜の時間にサービスをしているお店も増えてきています。

▶ 類似職業・概要
❶ 鍼灸師：鍼と灸を使って、肩こり・腰痛・疲れなどの身体の治療をする仕事。
❷ 柔道整復師：柔術を起源とする治療法を用い、打撲、捻挫、骨折、脱臼などの治療を専門に行う仕事。
❸ 整体師：指や手を使った手技によって全身の筋肉バランスや骨格を調整する仕事。
❹ スポーツトレーナー：スポーツ選手が最高のパフォーマンスを発揮できるよう、体調やメンタル面をサポートする仕事。

Work 26
ウェイター・ウェイトレス

▶ レストラン、カフェ、ホテルの宴会場などで給仕を担当する仕事

お仕事基本データ
人づき合い【深さ】	★★★★☆
人づき合い【広さ】	★★★★★
自主性	★★★★☆
活動性	★★★★★
体力	★★★★☆

▶ なるためには

特に資格や学歴などは必要ありません。飲食店において、来店するお客さんから注文を受け、提供するのが業務です。高級レストラン・料亭に勤務する場合は提供のタイミングやマナーはもちろん、料理についての深い知識などが必要とされます。ホテルなどでは、初めはウェイター・ウェイトレスからだんだんとスキルアップし、アシスタントマネージャー、マネージャーへとステップアップしていきます。

▶ 職業の特徴

❶ 常連のお客さんに対しては、味の好みなどを覚えるなど特別と感じさせるサービスをすることで、よりお店のファンになってもらうことができます。
❷ お店がどんなにきれいで、料理がどんなにおいしくても、ウェイター・ウェイトレスの対応でお店の評価が変わるので、丁寧な言葉づかいや態度が求められます。
❸ 長時間立ちっぱなしのため体力が必要です。
❹ 夜に営業するお店で勤務する場合、終業時間も遅くなります。
❺ サービス業のため休みは平日になることが多いです。

▶ 類似職業・概要

❶ バーテンダー：バーでカクテルなどのお酒を作る仕事。お客さんの要望に合わせてオリジナルカクテルを作ることもある。
❷ ソムリエ：お客さんの好みや、料理に合うワインを選び、提案する仕事。
❸ 調理師：レストランやホテルなどで、専門技術を通してお客さんに喜ばれる料理を作る仕事。
❹ フードコーディネーター：食の専門家として、飲食店のメニュー開発や店舗のプロデュース、販促・宣伝などを行う仕事。

Work 27
ヘルパー

- 高齢者や心身に障害がある人に対し、生活の援助やケアを行う仕事

お仕事基本データ

人づき合い【深さ】	★★★★☆
人づき合い【広さ】	★★★★☆
自主性	★★★★☆
活動性	★★★★★
体力	★★★★☆

▶ **なるためには**

無資格でも働くことはできますが、自治体、社会福祉協議会、株式会社が実施している16歳以上で受けられる介護職員初任者研修課程を修了することで仕事に就くこともできます。社会福祉士や介護福祉士の資格を持っている場合などは、正規職員として採用されることが多いです。未経験の場合には、パートとしてスタートしてから正社員になるケースもあります。経験を積んだのち、他のヘルパーをまとめる立場になったり、計画を策定するケアマネージャーを目指す人もいます。

▶ **職業の特徴**

❶ 行政や医療などの職員とチームで動くことが多く、基礎知識や調整能力が求められます。
❷ 生活援助の技術・知識だけでなく、相手の気持ちを察する心、相手との信頼関係を築く能力が求められます。
❸ シフトによって夜間の勤務をすることがあります。

▶ **類似職業・概要**

❶ 理学療法士：「歩く、座る」など基本的な身体機能ができるようリハビリを行う仕事。
❷ 作業療法士：高齢者や障害者などに対し、日常生活を送るために必要なスキルを高めるリハビリを行う仕事。
❸ 社会福祉士（ソーシャルワーカー）：病気・ケガ・障害のある人、その家族と面談し日常生活での困難を解消する仕事。

Work 28
看護師

▶ 医師が患者さんの診察や治療を行う際の補助や患者さんのケアを行う仕事

お仕事基本データ

人づき合い【深さ】	★★★★☆
人づき合い【広さ】	★★★★★
自主性	★★★★☆
活動性	★★★★★
体力	★★★★☆

▶ なるためには
国家試験を受験し、合格する必要があります。この国家試験は誰でも受けられるわけではなく、看護師を養成するための専門学校や短大、大学などで教育を受けることで受験資格が得られます。試験に合格し、資格を取ると、全国の病院や医院などに看護師として就職することができます。

▶ 職業の特徴
① 患者さんに最も近い場所で働くため、患者さんが信頼して、安心できるように、コミュニケーションを取る必要があります。
② 医師の補助や患者さんの日頃のお世話をするため、医学的な知識が必要です。
③ 人の命を預かるため、責任感のある人に向いています。
④ 仕事中は常に清潔に気を配る必要があります。
⑤ 交代で夜勤などもあるため、不規則な生活になりやすいです。
⑥ 仕事中は制服を着用して仕事をします。

▶ 類似職業・概要
① 医師：病院に勤務し患者さんの治療に関わったり、研究機関などで基礎医学の研究を行ったりする仕事。
② 薬剤師：患者さんに対し、医師の処方箋に基づきながら、薬を調合し、飲み方などのアドバイスを行う仕事。
③ 歯科医師：虫歯などの歯に関わる診断や治療を行う仕事。

Work 29

保育士

▶ 保育所や児童福祉施設で、0歳児から6歳児までの子どもを安全に預かり、保育をする仕事

お仕事基本データ

人づき合い【深さ】	★★★★★
人づき合い【広さ】	★★★★★
自主性	★★★☆☆
活動性	★★★★★
体力	★★★★★

▶ なるためには

国家資格である保育士の資格が必要です。保育士の資格を取得するためには、専門学校、短大、大学などの保育士養成課程を修了するか、保育士試験に合格することが必要になります。資格を取得したあと、保育所、託児所、児童福祉施設、障害児関連施設など、さまざまな施設で活躍しています。

▶ 職業の特徴

❶ 子どもが好きで、子どもの成長を間近で見たいと思えることが大切です。
❷ 1人で何人もの子どもを同時に見る必要があるので、自分の周りだけではなく、全体を見渡せる必要があります。
❸ 子どもがケガをしないように、危険を先に回避できるよう、いろいろ予測する力が必要です。
❹ 何人もの子どもと遊んだり、あやしたりするため、体力も必要です。
❺ 保護者との関係を良好に保つためのコミュニケーションスキルも必要となります。
❻ 保護者が働いている家庭の子どもを預かっていることが基本となるため、長期の休みは取りにくくなります。

▶ 類似職業・概要

❶ 小学校教諭：小学校で児童に勉強を教えたり、生活指導を行ったりする仕事。
❷ ベビーシッター：保育施設や個人宅で、親に代わって子どもの世話をする仕事。
❸ 養護教諭：学校の保健室で、児童、生徒の健康管理と保健指導を行う仕事。

Work 30
警察官

▶ 地域に住む人の安全や安心を守るために、パトロールや聞き込み、補導、取り締まりなどを行う仕事

お仕事基本データ

人づき合い【深さ】	★★★★★
人づき合い【広さ】	★★★★★
自主性	★★★★★
活動性	★★★★★
体力	★★★★★

▶ **なるためには**

警察官には「警察庁」「皇宮警察本部」「都道府県警察」という3種類あります。「警察庁」は全国を取りまとめ、「皇宮警察本部」は皇室を警備、「都道府県警察」は各都道府県を担当します。3つのどれを目指すかでそれぞれ進路が変わります。「警察庁」で働くには、国家公務員採用試験を受け、合格し、その中から警察官として採用される必要があります。「皇宮警察本部」で働くには、人事院が実施する皇宮警察本部の採用試験を受験し、合格したあと、採用される必要があります。「都道府県警察」で働くには、各都道府県警察本部が実施する警察官採用試験を受験、合格後に採用される必要があります。採用されると警察学校に入って仕事に必要な訓練を積み、卒業後に警察署や交番に配属されます。

▶ **職業の特徴**

❶「自分がこの街を守るんだ」という正義感が大切です。
❷ チームで仕事をするため、協力する気持ちが大切となります。
❸ 何が起きるかわからないため、臨機応変に対応できることが必要です。
❹ 仕事中は制服を着て仕事をすることが多いですが、スーツなどの私服で仕事を行う警察官もいます。
❺ 命の危険に関わる仕事もあり、安全な仕事とはいえません。

▶ **類似職業・概要**

❶ 消防士：火災の消火活動や、救出活動をする仕事。
❷ 自衛隊：国の安全と独立を守るために国民と領土を防衛する仕事。
❸ 救急救命士：救急車に乗り、救急車に乗る患者に対し、救急救命を行う仕事。

Work 31

美容師

▶ お客さんの要望に応じて、カットやカラー、セットなどを行う仕事

お仕事基本データ

人づき合い【深さ】	★★★★☆
人づき合い【広さ】	★★★★★
自主性	★★★★☆
活動性	★★★★★
体力	★★★★☆

▶ なるためには

理容師美容師試験監修センターが行う国家試験に合格することが必要です。厚生労働省指定の美容学校を2年、通信科の場合は3年を修了することで、国家試験の受験資格を得られます。国家試験に合格し、美容室やヘアメイク事務所に就職することで美容師として働くことができるようになります。しかし、最初からお客さんの髪をカットする仕事をすることはできません。まずはアシスタントとして先輩美容師の手伝いをしながら、練習を重ね、認められるようになると、美容師として働くことができるようになります。

▶ 職業の特徴

❶ 髪をカットしたりセットするための専門的な技術が必要です。
❷ その年や季節によって流行が変わるため、流行に敏感である必要があります。
❸ 失敗は許されないため、集中力が求められます。
❹ お客さんに信頼してもらえるようにするためのコミュニケーションスキルや話術が必要です。
❺ 下積み時代は閉店後にカットの練習をするなど、自分の休みの時間を削って練習することが必要となります。
❻ 自分自身も清潔感のある身だしなみをすることが大切です。

▶ 類似職業・概要

❶ スタイリスト：テレビや雑誌などでタレントやモデルが身につける洋服や靴、アクセサリーなどをコーディネートする仕事。
❷ トリマー：犬や猫などのペットの毛並みを整えるトリミングを行う仕事。
❸ ファッションデザイナー：服や靴、バッグなど身につけるものをデザインする仕事。

Work 32
テーマパークスタッフ

▶ 全国の遊園地でお客さんが楽しい時間を過ごせるようにさまざまな作業をする仕事

お仕事基本データ

人づき合い【深さ】	★★★★★
人づき合い【広さ】	★★★★★
自主性	★★★★☆
活動性	★★★★★
体力	★★★★★

▶ なるためには

特に資格や学歴などは必要ありません。テーマパークにもさまざまな仕事がありますが、一般的には学校を卒業後、テーマパークに就職することでテーマパークスタッフとして働くことができます。テーマパーク内の食事を作る仕事や、テーマパークの雰囲気を出すための美術の仕事に就くためには専門的な技術や知識が必要になるため、テーマパークの中でやりたい業務によっては資格や学歴などが必要になることもあります。

▶ 職業の特徴

❶ お客さんを楽しませる仕事なので、どんなに疲れていても笑顔を絶やさないことが大切です。
❷ どんな人に対しても、気配りができることが必要です。
❸ テーマパークには注意を怠ると危険が伴う乗り物もあるため、集中を絶やさず、きちんと安全管理をする必要があります。
❹ お客さんがケガをしたり、事故が起きたときに、正しく冷静な判断をする必要があります。
❺ 仕事中は決められた制服を着て仕事をします。
❻ 土日祝日にお客さんが多く来るため、休みが平日になることも多くあります。

▶ 類似職業・概要

❶ 通訳案内士：日本を訪れる外国人に対して、外国語を使い、観光地や文化を伝えたり、旅行中のサポートをする仕事。
❷ ホテルスタッフ：ホテルを利用するお客さんの要望に応じて、さまざまなサービスをする仕事。
❸ ウェイター・ウェイトレス：レストランや喫茶店で、料理や飲物を提供する仕事。

企業的タイプの仕事

【Eタイプ】

自分の力を発揮して他者に影響を及ぼすこと、相手を説得すること、
会社の目標達成や利益を追い求めるような仕事に
興味・関心が強い人に向いている仕事です。

第 3 章
お仕事図鑑
33〜40

Work 33
ショップ定員

▶ 店頭で商品を販売したり、発注管理したりする仕事

お仕事基本データ

人づき合い【深さ】	★★★★☆
人づき合い【広さ】	★★★★★
自主性	★★★★☆
活動性	★★★★★
体力	★★★★☆

▶ なるためには
特に資格や学歴などは必要ありません。ファッション関係やインテリア、スポーツ用品、携帯電話、電気製品などお店によって販売するものはさまざまです。初めは販売する商品の特徴や販売方法について勉強し、その後店頭での販売を担当します。仕事内容は、商品陳列、タグづけ、整列、接客、レジ担当、包装などがあります。売上を上げることができるとキャリアアップし、店長や店舗をまとめるマネージャーへの昇格ができます。

▶ 職業の特徴
❶ お客さんに商品を売るために、巧みなトークや信頼できる人柄が必要です。
❷ 軽作業ではあるが商品を運ぶ頻度は高く、体力が必要となります。
❸ お客さんの購買意欲を高める商品知識やセンス、どんな相手でも話を弾ませることができるコミュニケーションスキルが必要です。
❹ 店舗ごとやスタッフごとに売り上げノルマが課されることもあります。
❺ 休みはシフト制で土日祝日は出勤、かつ不定期な休日になることが多いです。

▶ 類似職業・概要
❶ フラワーコーディネーター：結婚式やレストラン、イベント会場などを花々で装飾し空間演出する仕事。
❷ ファッションアドバイザー：専門店やデパートで洋服や小物選びをアドバイスする仕事。
❸ バイヤー：国内外を問わず、売れそうな商品を見つけ自社で販売するために買いつけをする仕事。

Work 34
営業部員

▶ 自社の商品やサービスをお客さん、もしくは取引企業に購入してもらうため提案をする仕事

お仕事基本データ

人づき合い【深さ】	★★★☆☆
人づき合い【広さ】	★★★★★
自主性	★★★★★
活動性	★★★★★
体力	★★★★☆

▶ なるためには

特に資格や学歴などは必要ありません。大企業から中小企業やベンチャー企業、また、商社、保険、金融、自動車、不動産、IT、医薬品、人材サービスなどさまざまな業界で営業部員は働いています。業界によっては専門知識が問われることもありますが、入社後の研修で知識を身につけられることも多く、熱意や人間性、お客さんから要望を聞く力など営業としての適正があれば学歴を問わず活躍していくことが可能です。

▶ 職業の特徴

❶「人が好き」「相手の話を聞くことが好き」という姿勢を持てる人に向いています。
❷ 個人やチームの目標設定が日または週ごとにされることが多く、数字との闘いでもあります。
❸ 直接お客さん、取引企業と接するため、難しい要望やクレームを受けることもあり、メンタルの強さも求められます。
❹ お客さんを迎え入れるスタイルや、突然訪問するスタイル、電話によるセールスなど業態により、働き方は異なります。

▶ 類似職業・概要

❶ 医薬営業職(MR):製薬会社などに勤務し自社の医薬品を病院に販売する営業職。
❷ 技術営業(セールスエンジニア):IT や電機・機械メーカーなどで、専門技術を生かし商品・サービスを営業する仕事。
❸ 人事:人材の採用や評価・研修・労務管理などに関わる仕事。

Work 35
カーディーラー

▶ 新車・中古車の販売や車両点検手配、アフターサービスの手配などをする仕事

お仕事基本データ

人づき合い【深さ】	★★★★☆
人づき合い【広さ】	★★★★★
自主性	★★★★☆
活動性	★★★★★
体力	★★★☆☆

▶ **なるためには**

各ディーラー店内で働くことが多く、営業として仕事に就くには特に資格や学歴などは必要ありません。ただ、営業経験があったり車に詳しかったりするなど、車に興味がないと採用は難しいです。仕事の内容は、店舗内外での自動車販売やお客さんの対応、展示車の清掃、書類作成など多岐にわたります。

また、専門的な技術があれば車の整備をすることはできますが、その場合には自動車整備士の資格が必要となります。

▶ **職業の特徴**

① 営業は人と接することが仕事のため、コミュニケーションスキルが重要となります。
② 車を購入してもらうための車の知識や特徴の把握が必要です。
③ お客さんへ車を販売する営業職の場合、土日祝日が仕事になることも多いです。
④ 購入後もメンテナンス等で長いつき合いになるため、お客さんと良好な関係を築くことが大切です。

▶ **類似職業・概要**

① カーデザイナー：自動車のデザインや設計を行う仕事。
② クレイモデラー：デザイナーが描いた図案を粘土で立体的に造形する仕事。
③ 自動車整備士：定期点検の際に自動車の部品を交換したり、破損した車体の整備をしたりする仕事。

Work 36
ソムリエ

▶ ホテルやレストランで、料理やお客さんの好みを考慮しながら、適切なワインを提案する仕事

お仕事基本データ

人づき合い【深さ】	★★★☆☆
人づき合い【広さ】	★★★★★
自主性	★★★★☆
活動性	★★★★☆
体力	★★★★☆

▶ なるためには
資格がなくてもソムリエになることはできます。しかし、民間のソムリエ資格を持っていた方が勤務先にもお客さんにもソムリエとしてのスキルを示すことができます。民間のソムリエ資格にもいくつかの種類があり、それぞれによって受験資格が異なります。多くのソムリエはレストランやバーなどで働いています。

▶ 職業の特徴
❶お客さんから好みを聞き出すためのトーク力やコミュニケーションの能力が必要です。
❷ワインや料理に対する専門知識が必要です。
❸人をもてなしたり、喜ばせたりするのが好きな人に向いている仕事です。
❹ワインに関する非常に細かい知識が必要なため、休日にも勉強をすることがあります。
❺職場によって、業務内容が変わることがあります。

▶ 類似職業・概要
❶栄養士：学校や病院などで栄養のとれる食事の指導や食事提供を行う仕事。
❷パティシエ：レストランやホテル、洋菓子店で洋菓子を作る仕事。
❸調理師：レストランやホテルなどで、専門技術を通してお客さんに喜ばれる料理を作る仕事。

Work 37
コンシェルジュ

▶ ホテルやマンションで、お客さんからの要望を聞き、それをかなえる仕事

お仕事基本データ

人づき合い【深さ】	★★★☆☆
人づき合い【広さ】	★★★★★
自主性	★★★★★
活動性	★★★★★
体力	★★★★☆

▶ なるためには

特に資格や学歴などは必要ありません。ホテルなどの採用試験に合格することで、コンシェルジュとして働くことができます。英語の能力を重視する場合もあり、その場合はTOEIC（トーイック）や英語検定などを受験する必要があります。

▶ 職業の特徴

❶ お客さんによって要望が異なるため、臨機応変に対応することが必要です。
❷ 難しいことでも、どうしたら要望をかなえられるか常に最善の方法を考え続ける必要があります。
❸ ホテルによっては外国のお客さんが多いので、英語を話せることも必要です。
❹ お客さん一人ひとりに対して礼儀正しく、丁寧かつ笑顔で接客をすることが大切です。
❺ 仕事中は清潔感のある制服を着て仕事をします。
❻ シフト制で働くことが多いので、休みが平日になることもあります。

▶ 類似職業・概要

❶ 客室乗務員（CA）：旅客機に搭乗し、乗客へのサービスの提供や保安監理を行う仕事。
❷ ツアーコンダクター：お客さんの旅行ツアーに同行し、安全で快適な旅行ができるようにサポートする仕事。
❸ ウエディングプランナー：結婚を控えるお客さんに対して、アドバイスを行い、当日までサポートする仕事。

Work 38
電話オペレーター

▶ 電話を通して、お客さんに対してアドバイスや案内をする仕事

お仕事基本データ

人づき合い【深さ】	★★★★★
人づき合い【広さ】	★★★★★
自主性	★★★★★
活動性	★★★★★
体力	★★★★★

▶ なるためには

特に資格や学歴などは必要ありません。しかし、電話対応のための基本的なマナーを身につけている指標として、「電話オペレーター技能検定」を持っていると働くときに有利になることがあります。

▶ 職業の特徴

❶ 会社の顔ともいわれる仕事なので、正しい言葉遣いや礼儀などのマナーを身につけておく必要があります。
❷ 業務に関する専門用語や知識、ルールを勉強する必要があります。
❸ クレームの電話を受けることが多いため、ストレスを溜めないようにすることが大切です。
❹ お互いの顔が見えないため、対面で話すとき以上に表現や言い回しを工夫する必要があります。
❺ さまざまな質問に答える必要があるため、臨機応変な対応が求められます。

▶ 類似職業・概要

❶ カウンセラー：相談に来た人の悩みや相談を聞いて、一緒に解決策を考える仕事。
❷ いのちの電話相談員：自殺を考えたり、悩みを持っている人に対して電話で相談を受ける仕事。
❸ テレフォンアポインター：電話を通して、商品やサービスをお客さんに購入してもらうよう案内する仕事。

Work 39
裁判官

▶ 争い事や事件の裁判で、関係者の言い分を聞き証拠を調べて、法律に従って判断を下す仕事

お仕事基本データ

人づき合い【深さ】	★★★★☆
人づき合い【広さ】	★★★★★
自主性	★★★★☆
活動性	★★★★☆
体力	★☆☆☆☆

▶ なるためには

司法試験に合格しなければなりません。司法試験は誰でも受けられるわけではなく、受験資格が必要です。受験資格を得る方法は2つあります。1つは、大学卒業後に法科大学院で2〜3年ほど勉強し卒業することであり、これが一般的な方法です。もう1つは、予備試験に合格することです。しかし、司法試験に合格したからといってすぐに裁判官になれるわけではありません。1年ほど司法修習と呼ばれる研修を受け、その後、考試とよばれる習熟度試験や面接試験に合格しなければいけません。

▶ 職業の特徴

❶ 人の人生を変えてしまう仕事なので、責任感の強さが必要です。
❷ 法の番人と呼ばれる裁判官ですから、どんなときも公正で冷静な判断をしなければなりません。
❸ 裁判官になってからも勉強を続けられる向上心のある人が向いています。
❹ 法律に詳しくない人にもわかりやすい説明をすることができるコミュニケーションスキルが必要です。
❺ 休みにも法律や過去の事例などの勉強をする必要があります。
❻ 定期的な転勤があります。
❼ まとまった休日は取りにくい傾向があります。

▶ 類似職業・概要

❶ 弁護士：法律の専門家として、何かトラブルが起きたときに問題解決に向けてサポートする仕事。
❷ 検事：法律に違反した人を取り調べ、事件の調査を行い、裁判所で裁判を行うかどうか判断を下す仕事。
❸ 家庭裁判所調査官：全国の家庭裁判所で扱う事件の当事者や家族と話し、原因や背景などの調査をする仕事。

Work 40
スポーツ選手(チームスポーツ)

▶ 特定のスポーツの試合などに出場して功績を上げたり、そのスポーツの良さなどを伝える仕事

お仕事基本データ

人づき合い【深さ】	★★★★★
人づき合い【広さ】	★★★★★
自主性	★★★★★
活動性	★★★★★
体力	★★★★★

▶ なるためには
特に資格や学歴などは必要ありません。しかし、スポーツ選手になるためには、スカウトされたり入団テストを受けなければならないので、小さい頃からその競技を練習したり、厳しい練習を経て功績を上げなければなりません。競技によってもスポーツ選手のなり方はさまざまです。

▶ 職業の特徴
❶ 仲間とのチームワークが非常に大切です。
❷ 選手に選ばれるために、個人としての技術を高めることが必要です。
❸ その競技に対して誰にも負けない強い気持ちが大切です。
❹ 結果が出なくても努力し続けられることが必要です。
❺ 自分の体のことを理解し、自己管理ができることも大切です。
❻ シーズン中は毎日メニューに沿って練習をします。
❼ 厳しい練習や激しい勝負の中で、ケガをすることも多い仕事です。
❽ 年をとるまでずっと働くことは難しい仕事です。

▶ 類似職業・概要
❶ スポーツトレーナー：選手が試合で最高のパフォーマンスができるように、サポートする仕事。
❷ スポーツライター：新聞や雑誌、ネット上にスポーツに関する記事を書く仕事。
❸ 審判員：競技のルールに則って、公正かつスムーズに試合を進行させる仕事。

慣習的タイプの仕事
【Cタイプ】

記録を取る、データの整理、簿記やファイリングなど
ルールや手続きがはっきりしている秩序正しさが求められる仕事に
興味・関心が強い人に向いている仕事です。

第 3 章 お仕事図鑑 41〜48

Work 41 倉庫作業員

▶ 倉庫において入出庫・保管を中心とした業務を行う仕事

お仕事基本データ

人づき合い【深さ】	★★★☆☆
人づき合い【広さ】	★★☆☆☆
自主性	★★★☆☆
活動性	★★★☆☆
体力	★★★★☆

▶ なるためには

特に資格や学歴などは必要ありません。業務内容としては、倉庫の中で荷物の検品（異物が入っていないか、変形がないか等を確認する作業）、荷物のピッキング（荷物を探し集めてひとくくりにする作業）、梱包、仕分け作業などを行います。広い倉庫の場合、フォークリフトを操縦し荷物を移動運搬することもあります。広い倉庫の作業はどの荷物がどこにあるのか迷うこともありますが、慣れてくると覚えることができてスピードを上げていくことができます。また、コンピュータの利用範囲がますます拡大するため、知識などを習得しておくと有利です。

▶ 職業の特徴

① 近年、運搬機器の発達により、重労働の作業は減ってきています。
② 冷凍・冷蔵倉庫の場合は、作業規定に十分注意して作業する必要があります。
③ フォークリフト運転資格を持っていると有利です。
④ 細やかで正確な作業が求められます。
⑤ 生鮮食品などを取り扱う荷主の場合は、時間指定配送を行うことが多く、時間外勤務が多くなります。

▶ 類似職業・概要

① 運送業：トラックやトレーラーで貨物を輸送する仕事。
② 海運業：コンテナ船やタンカーで貨物を海上輸送する仕事。
③ 港湾荷役作業員：港で船への貨物の積み込み、荷下ろしを行う仕事。

Work 42
事務員

▶ 企業などさまざまな組織の中で、事務作業をする仕事

お仕事基本データ

人づき合い【深さ】	★★★★☆
人づき合い【広さ】	★★★☆☆
自主性	★★★☆☆
活動性	★★☆☆☆
体力	★☆☆☆☆

▶ なるためには

特に資格や学歴などは必要ありません。主な業務内容は資料作成、資料ファイリング、データ入力、電話対応、来客対応などです。
パソコンを使っての作業が多く、ExcelやWordなどの基本操作は必須です。
民間企業の場合は企業が実施する採用試験を受ける必要があり、官公庁の場合などは都道府県庁や各自治体などで正規の職員としての採用試験を受ける必要があります。

▶ 職業の特徴

❶ 裏方としてほかのスタッフをサポートする業務が多いです。
❷ 社内のスタッフと連携しながらの業務や、来客対応で会社外の人と接することもあるため、コミュニケーションをうまくとる必要があります。
❸ 同じような作業の繰り返しでも集中力を保って対応する必要があります。

▶ 類似職業・概要

❶ 営業事務：メーカー、商社、金融などさまざまな企業で営業担当者のサポートをする仕事。
❷ 医療事務：病院の受付窓口対応や診療報酬明細書を作成する仕事。
❸ 学校事務：学校（小学校〜大学）などに勤務し、事務や職員・生徒の管理業務、その他事務全般を行う仕事。

Work 43

秘書

▶ 社長や重役、医師、政治家などのかたわらで、庶務全般を行う仕事

お仕事基本データ

人づき合い【深さ】	★★★★★
人づき合い【広さ】	★★★★☆
自主性	★★★★☆
活動性	★★★★☆
体力	★★★★☆

▶ なるためには

特に資格や学歴などは必要ありませんが、新卒で採用されることはほとんどありません。秘書技能を向上させるために秘書技能検定（1級～3級）、国際秘書検定（CBS）などを取得することによって採用に有利になる場合もあります。実際の秘書業務は各企業により異なりますが、電話対応やスケジュール調整以外にも、その人のスキルによって会議の議事録作成、組織運営に必要なデータの収集・分析等の仕事を任されることもあります。

▶ 職業の特徴

❶ メールや電話文書などで寄せられる多くの情報の中から、重要度・緊急度などを考え、的確にまとめて報告できるスキルが必要です。
❷ 重要な会議や経営に関わる情報を耳にすることもあり、情報を漏らさない口のかたさが求められます。
❸ 上司の指示で動くことが多いため、急な移動や対応、残業を求められることがあります。
❹ 外資系企業においては、高い語学力が求められます。

▶ 類似職業・概要

❶ 受付：来訪者の用件などを聞いて、取り次ぎをする仕事。
❷ コンシェルジュ：ホテルやマンションで、お客さんからの要望を聞き、それをかなえる仕事。

Work 44
図書館職員

▶ 図書館や図書室で図書の収集や保存、整理、修復、貸出などをする仕事

お仕事基本データ

人づき合い【深さ】	★★★☆☆
人づき合い【広さ】	★★★★☆
自主性	★★★★☆
活動性	★★★★☆
体力	★☆☆☆☆

▶ なるためには

必須の資格はありませんが、図書館司書の資格が募集要件であるケースが増えてきており、持っている方が働きやすくなります。司書の資格を取るためには、大学や短期大学で「司書養成科目」の単位を取得することで資格を取ることができます。また、大学や短期大学を卒業したあとでも、司書講習を受講することで資格を取得できます。そのほかにも、高校卒業後に受講できる「司書補講習」を受講し、司書補になったのち、3年以上の実務経験を積むことで司書になるための司書講習を受講して資格を取得できます。資格を取ったあと、公務員試験に合格して公立図書館に配属されるか、企業などの採用試験に合格すれば図書館司書として働くことができます。しかし、正規雇用は少なく、ほとんどが臨時職員や派遣社員です。

▶ 職業の特徴

❶ 自分も本が好きで、利用者の希望にあった本を紹介することができることが大切です。
❷ 整理整頓が好きで、本をもとの位置に戻したり、本を丁寧に扱うことが必要です。
❸ 利用者とコミュニケーションを取ることもあるので、礼儀正しく話せることが必要です。
❹ 本は重く、移動や整理には体力が必要です。
❺「どうしたら図書館の利用者が喜ぶか」を考えながら、新しい本を読むなどの勉強が必要になることがあります。
❻ 基本的に、開館時間、閉館時間が決まっているので、残業はあまりありません。

▶ 類似職業・概要

❶ 学校事務：さまざまな種類の学校に勤務し、事務や管理業務を行う仕事。
❷ 学芸員：博物館や美術館などで作品や資料を集めたり、お客さんに対して専門的な説明をする仕事。
❸ 書店員：書店での本の販売や在庫管理、本の陳列・整理、来客対応などをする仕事。

Work 45
ライン作業員

▶ 工場などで、ベルトコンベア上に流れる製品を加工する仕事

お仕事基本データ

人づき合い【深さ】	★★★★★
人づき合い【広さ】	★★★★★
自主性	★★★★★
活動性	★★★★★
体力	★★★★★

▶ なるためには

特に資格や学歴などは必要ありません。しかし、大企業の工場の場合はその企業が必要な資格を指定していたり、学歴が求められることもあります。ライン作業員として働くためには、求人を出している工場を探し、採用試験に合格することが必要です。

▶ 職業の特徴

❶ 地道な作業が多いので、集中力を持続し続けることが必要です。
❷ 立ち仕事が多いので、体力が必要です。
❸ 自分が抜けてしまうと、全体の仕事が滞ってしまうので、毎日の体調管理が大切です。
❹ 決められた時間の中で正確に仕事ができる必要があります。
❺ 仕事中は動きやすい制服で仕事をします。
❻ 食品関係の工場だと、清潔感がとても大切です。

▶ 類似職業・概要

❶ 印刷作業員:お客さんの要望にあった印刷物の組版作業や印刷、製本、仕上げなどを行う仕事。
❷ 自動車整備士:車を安全に運行させるために、自動車の点検、修理、整備などを行う仕事。
❸ 金型職人:商品を大量生産するための型を作る仕事。

Work 46
車掌

▶ 電車に乗っている人たちを安全に目的地まで運ぶために全体に指示を出す仕事

お仕事基本データ

人づき合い【深さ】	★★★★★
人づき合い【広さ】	★★★★★
自主性	★★★★☆
活動性	★★★★☆
体力	★★★★☆

▶ なるためには
特に資格や学歴などは必要ありません。車掌として働くためには、鉄道会社の採用試験を受けて内定をもらうことから始まります。ただ、入社してすぐに車掌として働くことはできません。まずは改札や案内などの業務を行い、駅員として現場に慣れることが必要です。その後、車掌の登用試験を受け研修を経て、ようやく車掌として働くことができるようになります。

▶ 職業の特徴
❶ 電車が発車するタイミングや、車内トラブルの対応、ホームでのドアの開け閉めなどの指示を行うため、司令塔としての正確で安全な判断力が求められます。
❷ 急病人の対応など、臨機応変な対応が求められます。
❸ 常に安全性を求められるため、長時間の集中を継続できることが必要です。
❹ 乗務中に具合が悪くなってもすぐに交代できず、多くの乗客に影響を及ぼす恐れがあるため、体調の管理がとても重要です。
❺ 安全確認等のため、矯正視力が1.0以上であり、色覚が正常であることが必要です。
❻ 「何もない」ことが当たり前であり、目立たず地道な作業も多いです。
❼ 仕事中は制服を着て仕事をします。
❽ シフト制で働くことが多いので、休みが平日になることもあります。

▶ 類似職業・概要
❶ 電車運転士：電車を運転して、乗客を時間通りに安全に目的地まで連れて行く仕事。
❷ バス運転士：バスを使って、乗客を目的地まで安全に運ぶ仕事。
❸ 客室乗務員（CA）：旅客機に搭乗し、乗客へのサービス提供や保安監理を行う仕事。

Work 47
宅配便配達員

▶ 荷物を預かり、それを車などで運搬してお客さんに届ける仕事

お仕事基本データ

人づき合い【深さ】	★★★★★
人づき合い【広さ】	★★★★☆
自主性	★★★☆☆
活動性	★★★★☆
体力	★★★★☆

▶ なるためには
特に資格や学歴などは必要ありません。しかしながら、バイクやトラック、普通自動車などでの配達が多いため、運転免許が必要になることが多いです。

▶ 職業の特徴
❶ 通路上に車を止めて配達することが多いため、交通ルールをしっかりと理解し、その場ごとのルールに応じた対応が必要となります。
❷ 1人での仕事が多いため、1人でも集中して仕事ができることが必要になります。
❸ お客さんに配達をするときに接客をする必要があるので、礼儀正しく品物を渡せることが必要です。
❹ 重い荷物を運ぶことがあるので、体力が必要です。
❺ 時間を指定されることもあるので、時間を逆算して仕事をすることが必要となります。
❻ 仕事中は制服を着て仕事をします。

▶ 類似職業・概要
❶ トラック運転手：トラックで指定されたところにものを運ぶ仕事。
❷ バイク便ライダー：バイクで指定されたところにものを運ぶ仕事。
❸ 新聞配達員：契約している各家庭に新聞を配達する仕事。朝刊と夕刊の配達がある。

Work 48
航空管制官

▶ 地上から飛行機に対していろいろな指示や許可を出す仕事

お仕事基本データ	
人づき合い【深さ】	★★★★☆
人づき合い【広さ】	★★★★☆
自主性	★★★★☆
活動性	★★★★☆
体力	★☆☆☆☆

▶ なるためには
航空管制官は国家公務員である国土交通省の職員であるため、国土交通省が実施する航空管制官採用試験に合格し採用されなければなりません。その後、航空保安大学校で基礎研修を受けてから、全国の空港や航空交通管理部に配属され、訓練生として働き始めます。その後、認められると航空管制官として働くことができるようになります。

▶ 職業の特徴
❶ 多くの乗客の命を預かっているため、正確な判断ができることが必要です。
❷ 事故が起きないように、集中力を切らすことなく仕事を続ける必要があります。
❸ パイロットへの指示はすべて英語で行うため、英語が話せなければなりません。
❹ 空を飛ぶ飛行機の位置関係をレーダーを見て把握しなければならないため、空間認知能力が必要です。
❺ 勤務はシフト制で行われるため、休みが平日になることもあります。
❻ 航空管制官になったあとも、日々の勉強が大切です。

▶ 類似職業・概要
❶ パイロット：乗客や荷物がのっている飛行機を操縦する仕事。
❷ 航空整備士：飛行機が安全に飛べるように、整備や点検を行う仕事。

第4章

当事者インタビュー

Case 01 高森さんのケース

障害者支援

Profile｡ 現在、障害者就労支援のお仕事をしている高森さん。彼は26歳のときに、アスペルガー症候群と診断されました。今の仕事を「面白い」と語る高森さんにお話を伺いました。

Q 小中高生時代は、どんな子どもでしたか？

▶小学校に入ったばかりの頃は、ぼーっとした子どもだったみたいです。忘れ物やなくし物が多く、運動面でも不器用だったので周囲の人にはよく心配されていましたが、自分自身ではそれほど困っていませんでした。また、会話が成立しにくいといわれることが多かったですね。単語自体は出るのですが……。

小学校中学年、高学年の頃になると、会話は成り立つようになってきたのですが、周囲とのコミュニケーションに難しさを感じていました。不用意に自分に近づいてくる同級生が苦手で、不愉快に感じると衝突してしまうこともありました。当時、周囲の同級生に合わせることはできませんでした。

小学校時代は学習面でも困難さを感じていましたが、中学生になると少しずつ学力が身につき、同時に友達との衝突も少なくなってきました。運動面や手先の不器用さは相変わらずでしたけどね。

15歳くらいになると、周囲に合わせてコミュニケーションを取ってみようと努力を始めました。しかし、頑張るほど違和感は大きくなり、次第に「死」を意識することも……。高校生では真面目に勉強をして成績もトップクラスでしたが、やはり周囲との違和感は拭えませんでした。周囲の人からは「何を考えているのかわからない」といわれたこともあります。

Q 普段、難しいと感じることはどんなことですか？

▶子ども時代は、とにかくコミュニケーションの困難さを抱えていました。周囲から絡まれるような関わり方をされるのがすごく嫌で、苦痛だったのです。頑張って周りのペースに合わせてみようとした時期もありましたが、努力するほど違和感は強くなり、ストレスが蓄積していきました。

20代になってからは、朝、なかなか決まった時間に起きることができず困りました。アルバイトもしていましたが、郵便配達や清掃など作業にスピードを要求されるようなものは難しかったですね。現在の福祉職に就くまでは、学習塾講師のアルバイ

トをしていました。集団指導を行うときには、全体に目配りをしたり、わかりやすい板書をする力が求められます。こういったことがうまくできず、思うようにステップアップができないという事態が起こりました。私には2～3人の個別指導の方が向いていたようです。

Q 診断にいたるまでの経緯を教えてください。

▶ 初めて発達障害の診断を受けたのは、26歳のときです。当時のボランティア先のアドバイザーが勤めていた医療機関を訪れた際、アスペルガー症候群であると告げられました。しかし、それ以前にも発達障害や学習障害を疑われることは何度かありました。3歳児検診のときには自閉症の検査を行ったり、小学生になる頃には運動発達相談に行ったこともあります。また、親からは学習障害を疑われていたので「果たして私は学習障害なのか？」と自分自身で疑問を持つようになりました。

障害者雇用枠を利用しようかと考え始めたのは、36歳頃からです。診断書をもらうために医療機関を訪れたところ、診断基準の変更等[注1]があった関係で新たに「自閉症スペクトラム障害」「不安障害」と診断されました。

診断名がついたことで、特に大きく変わったことはありません。しかし、自分の中で「ああ、こういうことだったのか」と納得できました。

注1：2013年、米国精神医学会発行の精神疾患の診断基準DSMが、「DSM-5」へと改定されたことにより、診断名等に一部変更が生じた。

Q 現在はどのようなお仕事に就いていますか？

▶ 現在は、障害者就労支援の仕事をしています。主な業務内容は、作業支援や記録整理、雇用者側との関係調整や各種対応です。

学習塾の仕事に行き詰まったあと、興味のあった福祉業界に入りました。当時、障害者の当事者グループ[注2]とも関わりがあったことから、障害者支援や障害について知識があったため、それを活かせると思いました。数年間は自分の障害のことを明かさずに仕事をしていましたが、38歳のときから本格的に障害者雇用で職場定着支援者の仕事を始めました。一緒に働いている人たちは、私の障害のことも知っています。

福祉の仕事にもさまざまな分野があり、人によって向き不向きがあると思います。児童養護やホームレス支援はきめ細かいコミュニケーションが必要であるため、関係作りが難しく感じました。私に向いているなと思ったのは、重度の知的障害者の施設の仕事です。

注2：支援機関等が主催するケアグループ。医療、福祉、心理の専門家が入ることもある。

Q 仕事をしてみて思うことは？

▶ 就労支援の仕事を始めて1年半ほどは「自分の役割って何かな？」と考えたこともあります。仕事をしてみると面白いこともいろいろありました。これまで、障害の当事者グループの中で学んだことを仕事に活かすこともあれば、仕事で身につけた知識をグループの人々に還元していくこともできるようになりました。

障害者就労支援の現場に立つことにより、現場の実情やそこで働く人々の考え方、雇用の課題など、多くのことが見えてきたのです。自分と同じように障害者雇用で働いている人もいれば、障害を隠して働いている人に出会うこともあります。世代や立場によって、さまざまな悩みがあるんだな……と気づきました。

今後、障害者雇用の世界では、雇った人のキャリアアップを視野に入れていく必要があると思います。現在は、仕事をさせることや仕事量の調整などで精一杯で、働く障害者の人たちがキャリアを積んでいくことまでは考えられていません。転職後もこれまでの経験を活かし、また別の仕事につなげていくことができるといったシステムが障害者の世界にもあったらいいなと感じました。また、当事者側も手に職をつけて、さまざまな職場で仕事ができるようにしておくとよいと思います。

Q 発達障害の当事者や、ご家族に向けてアドバイスをください。

▶ アルバイトやボランティア、インターン、体験学習などに積極的に参加して、「自分に合っているのはどんな分野なのかな？」と探してみてください。職場体験のような感覚で、どういう場所で力を発揮しやすいのか、どういう業界だったら自分の特技を伸ばすことができるかを実際に経験して感じることが大切です。

私はハローワークで職業適性検査を受けた際に、人を相手にする職業は向いてないといわれてしまいました。しかし、実際に職場に入ってやってみないとわかりません。一口に人相手といっても、子どもやお年寄り、障害者などさまざまな対象がいますからね。

そして、家族が心掛けることとしては、「家族以外の人を頼る」ことです。友人や仕事関係者、支援機関など家族以外の人に協力を求められるようになると、当事者を見守る心の余裕も出てくるのではないでしょうか。

早期対応をしなければいけないという焦りから、必死に職業技能を身につけようとする方もいるかもしれません。しかし、自分に何が合っているのかわからないまま方向性を定めてしまうと、逆に特技を伸ばせない場合もあります。失敗したら撤退する、くらいの気持ちでいろいろなことにチャレンジしてみてください。

Case 02
ナルヲさんのケース

CAD オペレーター／テクニカルイラスト作成

Profile。 幼少期の頃から物作りに興味があったというナルヲさんは、現在 CAD オペレーターとして働いています。人とのコミュニケーションや情報の整理などを苦手に感じていた彼女は、大人になってからアスペルガー症候群と診断を受けました。彼女の強みは、計画、設計された物を 3D CAD で作れることや、取扱説明書の図のようなイラストを描けること。ナルヲさんの生き方や働き方について、お話を伺いました。

Q 小中高生時代は、どんな子どもでしたか？

▶ 小学生の頃は1人でコツコツと努力をする子どもだったので、勉強はできるほうでした。また、テレビのCMなどのメロディーを3回ほど聴けば覚えてエレクトーンで弾くことができたので、音感の強みを活かして卒業式の伴奏を担当したこともあります。

しかし、人とのコミュニケーションは苦手でしたね。言葉でどうやって説明したらよいのか、どんなタイミングでいえばよいのかうまくいかなかったのです。学級委員長になったこともありましたが、クラスメイトのことをうまくまとめられませんでした……。また、親にも必要なことを言葉で伝えられなかったため、怒られると衝動的に家出して頭を冷やしてから帰ってくることもありました。

作文にまつわる面白いエピソードがあります。感想文は書けたのですが、自分の意見を書く作文ではテーマの自由度が高すぎるため書き出すことができず悩みました。母が「姉妹けんかはどう？」といい、エピソードをありのままに書いたのです。それが細かく、臨場感があったのか、なんと入賞してしまい、ラジオでも放送されることに！　子ども時代の思い出深い出来事の一つです。

中高生時代は仏教系の「良妻賢母」を理念に掲げる私立の女子校に通っていました。勉強面はなんとかついていけましたが、周囲の人たちとうまく関係作りをすることができず「もっと自分に合ったよい場所があるのでは？」といつも考えていました。同時に、自分とは違う普通の人たちに対して憧れる気持ちはありました。私がそこに入る方法はないか、しかし入れないなあ……と思いながら。

この頃から、描くこと、作ることは好きでした。自分の好きなこと、得意なことを活かしてデザインの方面に進みたいとも考えていたんですよ。

Q 普段、難しいと感じることはどんなことですか？

▶ 発達障害ではない人たちは「いつ打ち合わせをしたの!?」と思うほど、何もいわ

なくてもわかり合えていることがあるので驚きます。私も協調性を持ってコミュニケーションを取ろうと努力をしたこともありましたが、やはり自分は浮いてしまっていたと感じます。

アスペルガー症候群診断前後、職業訓練校に通っていたとき、講師とトラブルになったことがあります。最初の授業で「わからないことはその都度聞いてくださいね」といわれたので、私は疑問を感じるたびに手を上げ質問をしていたのです。それが授業の進行の妨げになったのか、講師の気分を害してしまったようなのです。以来、「質問は2つまで」と書いたソーシャルストーリーを携帯するようになりました。

現在は、自分で考案した「毎日シート」を使い管理しています。1日の活動をTo Doリストと時間にまとめたもので、A4サイズ4つ折り1枠をクリップボードにはさみ携帯しています。手帳の小さなマスには書ききれないので、私はこれが使いやすいと思っています。また、通勤途中に、頭の中にたくさんの考えが降ってくることがあるため、いったんはすぐ、自作した使いやすいメモ帳に書き出し、落ち着いてからそれを一つずつやるようにします。

また、初対面の人に会う場合は、初めに何を話すかなど、未来の会話を簡単なイラストにして事前に視覚化し、練習しておくことで落ち着いてコミュニケーションを取ることができます。これらのことは、自分で自分を助ける工夫ですね。

Q 診断にいたるまでの経緯を教えてください。

▶ 20代の頃は摂食障害で悩む時期を経て、木工やクラフト関連の技術での独立を目標に信州へ移り住みました。仕事を続けているうちに腰痛がひどくなって病院へ行ったところ、待合室に発達障害の本が置いてあり、たまたま手に取ったことが始まりでした。それはADHDについて書かれた本だったのですが「もしかして自分はADHDでは？」と考えるきっかけになったのです。

その後、東京にある有名なクリニックへ足を運び、そこでアスペルガー症候群の可能性があるといわれました。しかし、東京まで定期的に通院するのは難しく、先生からは長野にある大学病院の医師を紹介してもらいました。これが今から9年前のことです。確定診断は出ましたが、当時大人が発達障害で継続的に医者にかかることは難しいということがわかりました。アスペルガー症候群とわかり納得した部分もありましたが、専門的に対応してもらえる病院は近所にないし、正直なところ「これからどうしよう」という思いでいっぱいでした。

Q 現在はどのようなお仕事に就いていますか？

▶ 現在は、住宅関連機器のメーカーの開発部でCADオペレーターとして働いています。ハローワークの障害者雇用枠を利用し、自分がアスペルガー症候群であることをオープンにして働いています。仕事の内容としては、取扱説明書の線画のイラスト作

成、2次元図面の作成、3次元CADデータの作成、庶務などです。平面から立体への感覚があるところと、自分がこれまでやってきた物作りの仕事経験を活かせる仕事に出会えてよかったです。

障害は会社の中で理解されにくい場合もありますが、上司や先輩は私の得意分野を理解し、私の成長を支え仕事を任せてくれています。業務に関連する資格試験も受けさせてもらい、テクニカルイラストの技能検定、3次元CADの認定試験の資格などを取得し、仕事に活かしています。

Q 仕事をしてみて思うことは？

▶ 私は、見たことのないものや体験したことのないものを想像するのが苦手です。そのため、一般派遣での雇用形態で、部品図面作成の仕事をしていたときは、製品が見られないため、想像がしづらかったです。しかし、現在の仕事では家の中にある製品を取り扱っているため、自分の暮らしと経験の中から想像しやすいというよさがあります。想像力の弱さは、経験で補えるのかもしれません。

最近は、イラストソフトの使い方を新入社員に教える仕事を上司から頼まれました。「教える仕事なんて私には無理！」と思っていたけれど、会社側が私の能力を活かそうと考えてくれているんだなと感じました。こうやって私と誰かの間に人が入ってくれて、つないでくれるのは嬉しいですね。会社の上司や、障害者職業センターの人たちには感謝しています。9年前に診断を受けたときは考えられませんでしたが、すべての人が敵ではないんだなとわかりました。

Q 発達障害の当事者や、ご家族に向けてアドバイスをください。

▶ 発達障害のあるお子さんは苦労する場面も多いと思います。しかし、お子さんの特性を伸ばすことで、きっと誰か喜んでくれる人がいるはずです。ご家族は、お子さんの可能性を広げてあげるために、よい特性を活かせるような人や場所と積極的につなげてあげてください。

私はコミュニケーションが苦手ですが、技術によって人とつながっています。会話で自分のよさをわかってもらうのは苦手だけど、私の作った物・仕事を媒介にして人とコミュニケーションを取ることはできます。だから普段も、自分の作ったもので自分を支援し、自分がコミュニケーションを取るのに困らないツールを改良・考案し持ち歩いているんですよ。

「得意なことは『技術』にできる可能性が高く、『技術』は人や仕事につながっていきやすいものであり、最終的に自分を助けてくれる」。これは私の今までの経験から、強く感じていることです。

Case 03
高橋さんのケース

歯科技工士／エキストラ

Profile○ 歯科技工士にテレビのエキストラと、珍しい経歴をお持ちの高橋さん。発達障害を疑い病院へ行ったものの、医師からは「具体的な診断名はわからない」といい渡されました。子どもの頃は「のび太」タイプだったと当時を振り返る高橋さんは、どんな人生を歩んできたのでしょうか。

Q 小中高生時代は、どんな子どもでしたか？

▶ 運動も勉強も苦手で、よく学校の友達からはいじめられていました。特に苦手だったのはバスケットボールやサッカーなど集団でやる競技です。マラソンなど1人でやる競技は好きだったのですが、みんなで協力して行うスポーツは私だけテンポを合わせられず、「お前のせいでチームが負けた」と責められることが多かったです。そういうときにいい返すことができなかったので、典型的な「のび太」タイプの子どもだったと思います。

Q 普段、難しいと感じることはどんなことですか？

▶ どんなに頑張っても人の話が理解できず、苦労することが多いですね。健常者の方は少しの説明ですべてがわかるのに、私は1から10まで説明してもらわないと、話の内容を理解することができないのです。コミュニケーションは苦手ですが、友達は欲しいなと思っています。しかし、作ろうとしてもなかなかうまくいきません。おそらく私自身に何か問題があるのでしょうけれど、それが何なのか自分でははっきりとわからないのです。そのため今は、昔からの親しい友人との関係を大切にして、積極的に友達を増やそうとは考えていません。現在は子育て中ですが、無理をしてママ友を作らなくてもよいかなと思っています。

Q 診断にいたるまでの経緯を教えてください。

▶ 26歳のときに発達障害を疑い病院へ行ったところ、専門医がいなかったこともあり、「アスペルガーの傾向があるかな？」と曖昧な診断を受けました。はっきりとした診断名をもらえないまま次の病院を受診したところ、そこではADHDと診断されました。さらに3軒目の病院では、診断名が「わからない」といい渡され……。診断不可能な軽度な発達障害だとわかりました。

Q 現在はどのようなお仕事に就いていますか？

▶ 現在は、主婦をしていますが、過去には歯科技工士の仕事をしていました。歯科技工士になろうと思ったきっかけは、20代の頃に自身が歯の矯正をしており、歯並びが改善されるにつれて人前に出るのが楽しくなったという経験があるからです。歯が綺麗になるだけで、前向きな気持ちになり、体調もよくなりました。それ以来、歯の仕事に興味を持ちました。歯科衛生士は歯科医師や患者さんとのコミュニケーションが必要なため、私には難しいだろうと思いました。そこで、歯科技工士の道を選んだのです。専門学校で勉強をし、国家試験を受けて、歯科技工所に就職しました。

Q 仕事をしてみて思うことは？

▶ 働いてみて数年間はわからないことだらけでしたね。一緒に働いている人に仕事を教わったり、歯医者さんとも電話連絡をする必要があるので、コミュニケーションを取らなくてはいけない機会は多かったです。ただ、自分が作った歯が患者さんのためになることを考えると、嬉しかったです。

実は、専門学校時代にミュージカルをやっていたのですが、その経験を活かしてテレビのエキストラの仕事をしていたこともあります。事務所と契約をし、依頼が来ると仕事をするといった感じです。また、現場によって関わるスタッフが違うため、人間関係の煩わしさを感じずにすみました。人とのコミュニケーションが苦手な私にはぴったりの仕事でした。以前からテレビの仕事には興味があったのですが、実際に現場に入ると制作者側の苦労もわかり、「テレビ番組を見られることに感謝をしなくては！」と感じました。私はCM制作のエキストラとして仕事をしていたのですが、バラエティ番組やドラマとは違い、CMは何度も放送されるところがよいですね。自分が画面の中に映っているのを見るたびに嬉しくなりました。

Q ご家族は障害に対してどう向き合っていますか？

▶ 夫にはつき合って半年以上経ってから、自分の発達障害について伝えました。その結果、結婚生活に支障が出たり、何か大きな変化があったということはありません。夫は、健常者との違いがあまりわからないようで、私の障害について特に敏感にはなっていませんね。

過去に接客業をしていたときに、同僚から「人は誰でも取り柄があると思っていたけれど、あなたを見ているとそうは思えない」という悲しいことを言われた経験があります。自分の新たな取り柄を作ろうと思ったことも、資格を取得した理由です。

夫がもし几帳面な人だったら、やっていけなかったかもしれません。しかし幸いにも私をありのまま受け入れてくれる人に出会うことができ、恵まれていたと思います。

Case 04
村上さんのケース

言語聴覚士

> Profile。子どもの頃に自閉症と告げられた村上さんは、感覚過敏による体調不良が悩みの種のようです。現在は言語聴覚士のスペシャリストとして活躍されていて、セミナーで講演を行うこともあります。そんな村上さんからお話を伺いました。

Q 小中高生時代は、どんな子どもでしたか?

▶私は4歳までしゃべらず、大人が話しかけても聞いていない子どもだったようです。

　勉強はできるけれど、周囲との協調性がないマイペースな子だったと思います。女の子特有の付き合いが苦手で、変わった子どもだったためいじめられたこともあります。小中学校のときは、あまりよい思い出はありませんね。

　初めて学校が楽しいなと感じたのは、高校生になってからです。都立の自由な高校に入学しました。ここでは、周りにも個性的な子がたくさんいたのです。変わっていることが、面白さや個性として自然に受け入れられる環境だったので、楽しく過ごすことができました。

Q 普段、難しいと感じることはどんなことですか?

▶感覚過敏で悩んでいます。小学生のときは味覚過敏のために偏食があり、給食の時間が苦痛でした。今は、天気の影響で体調を崩しやすかったり、婦人科系の不調があったりと、健康面の心配が大きいですね。感覚過敏症状の検査をしたこともありますが、「普通の人はこんな数値は出ない」といわれるほど、高い数値が出たようです。ここまで過敏な人は、人口の数パーセントしかいないようです。

Q 診断にいたるまでの経緯を教えてください。

▶私の母は教員をしており、とても厳しく子育てをする人でした。当時から精神分析の勉強もしていたようで、母には厳しい指導を受けながら育ちました。私が一人前の大人になって仕事をし、いずれは結婚してほしいと望んでいたのでしょう。

　当時は1970年代で、現在のように発達障害に関する世の中の理解も広まっていま

せんでした。まだ未就学児だった私は、心理職者のもとに連れていかれ、「自閉症ではないか」といわれたのです。

Q 現在はどのようなお仕事に就いていますか？

▶ 大学時代は心理学を学び、臨床心理士になろうかとも考えていましたが、形の見えない心を扱う仕事は自分には向いていないと判断し、発達心理の先生のすすめもあって、大学卒業後には言語聴覚士の受験資格が取れる学校に進学しました。その後、現場で働きながら国家試験を受験しました。

現在、言語聴覚士になって19年目になります。発達障害児の支援や発声発語の指導、情報発信を行っています。また、言語聴覚士として働くかたわら、夫が設立した会社のスタッフとして事務全般と職場環境改善の仕事を担っています。いろいろな仕事をかけ持ちしている状態ですね。フルタイムで働いている人以上に仕事をしている自覚があります。研修やセミナーで講義を行うときには、事前準備をする必要もありますから。

Q 仕事をしてみて思うことは？

▶ 大人になり自分が言語聴覚士になってから幼少期のことを振り返ってみると、自分が4歳までしゃべらなかったのは環境音と人の声の区別がついていなかったからだと気づきました。

人の役に立てるのは嬉しいことですが、それを第一目標にはしていません。私は「自分はこれが得意です。これができます」と自己PRをするのが苦手なのですが、周囲にいる人が仕事を紹介してつないでくれたり、本の執筆のときも知り合いに声をかけていただいたり……。そういった縁が多いなと感じます。

Q ご自身の特性について、どう思いますか？

▶ 自分の感覚がマイノリティであるということは、以前から思っていました。印象的なのは、小学校の頃の音読です。国語の授業で音読をするときに、自分以外の生徒はたどたどしく読むので「なんで？」と疑問に感じました。私は小学校入学前から黙読が得意で、文字を読んで覚える能力に長けていたようです。記憶が文字から入ってくるのです。電話番号なども、緊急連絡先などは携帯電話の電話帳を見なくても思い出せます。

あとは、音の違いに敏感で調律のヘルツが違うとすぐにわかります。「この音は、これくらいかな？」といった具合に。

感覚過敏のために自律神経のバランスが悪く、体調を崩しやすいという困った面もありますが、こういった過敏さが強みになることもあるのです。

◆引用・参考文献

- 東京都教育委員会「東京都特別支援教育推進計画（第二期）第一次実施計画（案）の骨子」東京都教育委員会、2016年。
- 木村 周『キャリア・コンサルティング 理論と実際（3訂版）』雇用問題研究会、2013年。
- John L. Holland著、渡辺三枝子・松本純平・道谷里英共訳『ホランドの職業選択理論――パーソナリティと働く環境』雇用問題研究会、2013年。
- 宮城 まり子『キャリアカウンセリング（21世紀カウンセリング叢書）』駿河台出版社、2002年。
- 日本産業カウンセラー協会編『産業カウンセリング 産業カウンセラー養成講座テキスト（改訂第6版）』日本産業カウンセラー協会、2012年。
- 二村 英幸『個と組織を生かすキャリア発達の心理学――自律支援の人材マネジメント論（改訂増補版）』金子書房、2015年。
- 梅永 雄二編著『仕事がしたい！ 発達障害がある人の就労相談』明石書店、2010年。

巻末付録
お仕事カード

お仕事カードの使い方

▶ お仕事カード（全48枚）

※RIASEC分類＝Rタイプ・Iタイプ・Aタイプ・Sタイプ・Eタイプ・Cタイプ

▶ 使い方

★1人でも取り組めますが、誰かにカードを提示してもらい話しながら取り組むと一層効果的です。

1. 職業カードを本から切り離してください。
2. 表側の絵を見て、すべてのカードを「やりたい」「やりたくない」「どちらともいえない」に分けてみましょう。「できそう」か「できそうでない」かは気にせず、興味があるかどうかだけを基準に考えましょう。一緒に取り組む人がいる場合は、裏側に書いてある❺職業の概要❻職業の特徴を参考に、どのような仕事なのかを伝えていくのも効果的です。さらに詳しい情報は第3章の「お仕事図鑑」に載っています。
3. どんなところに興味がひかれるか、どんなところが楽しそうか、どんなところが嫌いなのか、を考えながら分けましょう。一緒に取り組む人がいれば会話を通して明確にしていきましょう。
4. すべて分けたら、「やりたい」にカードに注目しましょう。裏に書いてある❸RIASEC分類を見て、カードをRタイプ・Iタイプ・Aタイプ・Sタイプ・Eタイプ・Cタイプに仕分けをしてみましょう。一番数が多いタイプが、あなたの興味・関心が強いタイプです。
5. 「やりたい」と選んだ職業カードの中から、一番やりたいものを選んでみましょう。
6. 5.で選んだ職業を、第3章の「お仕事図鑑」で探してみましょう。自分の特性と重ねて向き・不向きを考えてみましょう。さらにその「一番やりたい」と選んだ職業カードの裏側に注目してみましょう。❻職業の特徴も見てみましょう。第3章の「お仕事図鑑」にはその仕事に就くための情報も載せてあります。今後の進路選択の参考にもなります。その仕事と似たような仕事も載せてありますので、あわせて調べてみるとよいでしょう。
7. 他のカードについても、第3章の「お仕事図鑑」で詳しく調べてみましょう。

▶ 使用上の注意

- この結果で占いのように自分の向いている仕事がわかるわけではありません。このカードを通じて、職業についての関心を高めることが重要です。興味を持った職業について、第3章の「お仕事図鑑」で調べてみる、周りの人に聞いてみる、インターネットを通じて調べるなどしてみると効果的です。
- そのときの状態や考え方、一緒に実施する人の働きかけによって結果は変わります。1回の結果にこだわりすぎないようにしましょう。
- RIASECタイプはあくまで一つの分類です。たとえば、「イラストレーター」という仕事は大きくはAタイプ（芸術的タイプ）の仕事です。その仕事を細かく分類していけば、絵を描くためにコンピューター機器を使いこなすRタイプ（現実的タイプ）の要素、絵具によってどのように絵が変化するかを分析するIタイプ（研究的）の要素、誰かを喜ばせるための絵を描くというSタイプ（社会的タイプ）の要素、売れ筋の絵をマーケティングするEタイプ（企業的）、自分の絵を売って請求書を作成し帳簿を付けるCタイプ（慣習的）の要素も含まれています。
どのような仕事であっても、自分の興味・関心を生かすことができるのです。

R 現実的

農家	漁師

料理人	大工

R 現実的

R　現実的
漁師

川や海で漁をし、魚介類・海藻類などを捕って売る仕事

職業の特徴

①自宅以外での長い生活が苦手だったり、船酔いがある場合には難しい。
②気象学や生態学の知識、経営的な視点を持つことが必要。
③船の上での生活が長く、年に数回しか家に帰ることができないことがある。
④日が昇る前から働くことが多くある。

R　現実的
農家

お米や野菜、果物などの農作物を育てて売る仕事

職業の特徴

①気温や天気のわずかな変化に敏感であることが必要。
②日々の手入れを微調整するため、知識や経験の蓄積が大切。
③収入が安定しないことがある。
④生産者や経営者など幅広い視点を持つことが必要。

R　現実的
大工

専用の道具を使いながら、主に木造建物の建築工事をする仕事

職業の特徴

①手先の器用さが必要。
②重い材料を運ぶための体力や事故を起こさないための集中力が必要。
③図面（平面）から建物（立体）を作るため、頭を使う。
④忙しさが時期により異なり、天気によって急に休みになることもある。

R　現実的
料理人

ホテル、レストラン、料亭などで料理を作る仕事

職業の特徴

①長時間の勤務や重い食材等を運ぶなど、体力が必要。
②厳しい修業時代を乗り越える忍耐力が必要。
③確かな味覚と独自のセンスが求められる。
④一般の人が休みである土日祝日は仕事になる場合が多い。

R 現実的

トリマー	自動車整備士

清掃員	電車運転士

R 現実的

R 現実的 — 自動車整備士

専門的な技術のもと、自動車の点検や修理を行い、自動車のトラブルを解決する仕事

職業の特徴
①どんな種類の自動車でも直すことができる専門性と自動車の進化に対する探究心が必要。
②お客さんと話し、要望に耳を傾けることが大切。
③重い部品を運ぶほか、室外での仕事など、体力が必要。
④企業によって、休みが平日になることもある。

R 現実的 — トリマー

犬や猫などのペットの毛をカットしたり、毛並みを整えるなどのトリミングを行う仕事

職業の特徴
①要望に応じて臨機応変な対応が必要。
②礼儀正しさやコミュニケーションスキルが求められる。
③トリミングを通してペットの健康面のケアを行う。
④ペットにケガをさせないように、集中力が必要。

R 現実的 — 電車運転士

電車を運転して、乗客を時間通りに安全に目的地まで運ぶ仕事

職業の特徴
①お客さんにとって一番安全な状況を判断し、指示することが必要。
②さまざまなタイプのお客さんとコミュニケーションを取る必要がある。
③数千人の命を預かるため、集中力や注意力が大切。
④ダイヤ通りの運行のため、正確な自己管理と緻密な操作が必要。

R 現実的 — 清掃員

決められた場所をきれいに掃除し、清潔感を保つ仕事

職業の特徴
①一日中、広範囲を清掃するので、体力が必要。
②汚れている場所をきちんと見つける注意力が必要。
③汚れることもあるため、作業着を着て仕事をする。
④複数人（チーム）で清掃場所を分担する場合、お互いに協力し合うことが大切。

Ⅰ 研究的

医師	薬剤師

臨床検査技師	測量士

I 研究的

I 研究的
薬剤師

薬の調剤をしたり、薬品の研究・開発や検査をする仕事

職業の特徴
①薬は命にも関わるため、分量や内容、組み合わせなどさまざまな面での正確さが求められる。
②集中力とスピーディーな作業が求められる。
③薬についてわかりやすく説明するなど患者さんとのコミュニケーションが必要。
④日々進化を続ける薬の技術や知識をたえず学び続ける探求心が必要。

I 研究的
医師

病気やケガの診察・治療・投薬を行う仕事

職業の特徴
①人の生命に関わる、非常に責任の重い仕事。
②患者に対する思いやりの気持ちと患者との信頼関係を築くことができるコミュニケーションスキルが求められる。
③体力的にも精神的にも忍耐が必要。
④常に進化する医療技術や知識を学び続けることが大切。

I 研究的
測量士

土地や建物の高さ、面積、長さなどを測る仕事

職業の特徴
①数字や図形、地図などに慣れ親しんでおくことが必要。
②地道なデスクワークも多く、忍耐力や集中力が必要。
③パソコンに関する高い専門性が求められる。
④外での仕事が多く、休憩が取れないこともある。

I 研究的
臨床検査技師

病気の診断や治療に必要な検査を医師の指示で行う仕事

職業の特徴
①進化し続ける医学の知識を学び続けることが必要。
②手先が器用な人が向いている。
③大きな病院では「チーム医療」が基本であり、コミュニケーションスキルが必要。
④大きな病院では、緊急の呼び出しへの対応が求められることもある。

Ⅰ 研究的

システムエンジニア

生産・品質管理技術者

アナリスト

海洋学研究者

I 研究的

I 研究的
生産・品質管理技術者

メーカー等に勤務し、製品がきちんとした状態で、頼まれた時間内にお客さんのもとへ届くように計画を立てる仕事

職業の特徴
①いろいろな人から情報を聞き出すコミュニケーションスキルが必要。
②常に計画通りに生産が進んでいるか、トラブルは起きていないか等を確認する必要があり、細やかな気配りが必要。
③クレームを受けたときに、臨機応変に対応できることが大切。
④地味な作業が多く、縁の下の力持ちの立ち位置になる。

I 研究的
システムエンジニア

会社の中で使用する情報システムやネットワーク、アプリケーションなどを企画、開発する仕事

職業の特徴
①いろいろな人から要望や改善点を聞き出すコミュニケーションスキルが必要。
②システムに詳しくない人に対して、正しく伝わるように丁寧に伝えることが必要。
③ITに関する新しい知識や技術を習得し続けることが必要。
④IT業界は移り変わりがとても速く、いち早く技術を使えるような臨機応変さが求められる。

I 研究的
海洋学研究者

海に関する生物、地質学などさまざまなことを研究する仕事

職業の特徴
①海に関しての探求心や好奇心が必要。
②論文を書くための国語力や英語力が必要。
③いろいろな場所に出向く行動力が必要。
④分野によっては長時間、船の上で仕事をするときもある。

I 研究的
アナリスト

経済、金融、企業の財務状況などを調査・分析し、個人や金融機関、投資家の資産運用についてアドバイスをする仕事

職業の特徴
①常にたくさんのデータを収集し、分析する力が必要。
②さまざまな人から情報を仕入れるコミュニケーションスキルが必要。
③小さな変化に気がつく敏感さが必要。
④休日でも特別な動きがないか、常に注意しておくことが必要。

A 芸術的

声優	カメラマン

お笑い芸人	ゲームクリエーター

A 芸術的

A　芸術的
カメラマン

報道、芸能、広告、各種イベントなどの広い分野で写真の撮影をする仕事

職業の特徴

①アシスタント時代を乗り越える忍耐力や体力が求められる。
②人物カメラマンは、ベストな表情を引き出せる明るさや面白さが必要。
③長時間の撮影になることもある。
④休みや勤務時間は、会社や仕事内容によってさまざま。

A　芸術的
声　優

アニメで登場人物の声を入れたり、外国映画で吹き替えをしたりする仕事

職業の特徴

①登場人物に声を合わせる高いスキルが求められる。
②声だけでの高い表現力が求められる。
③タイミングよく声を出すために反射神経を鍛えることが必要。
④声が出ないと仕事にならないため健康管理に注意が必要。

A　芸術的
ゲームクリエーター

いろいろな役割の人と協力しながら、共同でゲームを作る仕事

職業の特徴

①最後まであきらめない姿勢や責任感が求められる。
②いろいろな人と一緒に仕事をするため、コミュニケーションや協調性が必要。
③開発職につきたい場合には、プログラミングやデッサンの知識・経験などが必要。
④トラブルが起きたときには、残業や休日出勤をしなければいけないこともある。

A　芸術的
お笑い芸人

「漫才」や「コント」により、テレビやラジオやライブを通して人を笑わせる仕事

職業の特徴

①人を笑わせたいという、ネタ作りの発想力が必要。
②人気が出るまでは収入が低く、芸を磨く努力と忍耐力が必要。
③ネタをアレンジしたり、機転を利かすなどの臨機応変さが必要な場合がある。
④交友関係を広げて周囲へ自分を売り込むためのアピールが必要。

A 芸術的

イラストレーター

ファッションデザイナー

建築士

小説家

A 芸術的

A　芸術的
ファッションデザイナー

服や靴、バッグなど身につけるものをデザインする仕事

職業の特徴
①敏感に流行を先読みすることが求められる。
②他の人が作り出せないような自分らしさや独創性が重要。
③アイデアを形にする表現力が必要。
④有名になれる人はほんの一部。有名になっても、それを維持することが難しい職業。

A　芸術的
イラストレーター

依頼主の要望に応じて広告のイラストや挿絵などのイラストを描く仕事

職業の特徴
①人とのつながりで仕事が決まることが多く、協調性が必要。
②人から頼まれたものを描く、理解力と表現力が高く求められる。
③オリジナリティが大切。
④周りの人から評価されないうちは、思うように収入が得られない。

A　芸術的
小 説 家

物語を創作し、小説として公の場に発表する仕事

職業の特徴
①最後まで書きあげる忍耐力が必要。
②他の人が思いつかないようなユニークな発想が必要。
③1人で作業をすることが多く、仕事に関しての計画や責任を自分で持たなければいけない。
④読書離れが続いており、以前より小説家としてデビューすることが難しくなっている。

A　芸術的
建 築 士

安全で使いやすい建物を考えて造る仕事

職業の特徴
①お客さんの予算やイメージをヒアリングするコミュニケーションスキルが必要。
②イメージを図面に起こす、デザインセンスや想像力、表現力が必要。
③構造力学の知識や、材料や設備に関する知識が必要。
④たくさんの職人のまとめ役となることもあるため、調整能力も必要。

S 社会的

マッサージ師	ウェイター・ウェイトレス

ヘルパー	看護師

S　社会的

S　社会的
ウェイター・ウェイトレス

レストラン、カフェ、ホテルの宴会場などで給仕を担当する仕事

職業の特徴

①常連のお客さんには、味の好みを覚えるなど特別と感じさせるサービスを行うことで、よりお店のファンになってもらうことができる。
②お店がどんなにきれいで、料理がどんなにおいしくても、ウェイター・ウェイトレスの対応でお店の評価が変わるので、丁寧な言葉づかいや態度が求められる。
③長時間立ちっぱなしのため、体力が必要。
④夜に営業するお店で勤務する場合、終業時間が遅くなる。

S　社会的
マッサージ師

肩こり、腰痛、疲れなど人の体の不調を、手でなでる・押す・揉むことにより改善させる仕事

職業の特徴

①人と直接ふれあい、体の不調を聞くための、コミュニケーションスキルが必要。
②患者さんの反応を見ながら、マッサージの強さや位置を変えていくことが必要。
③指と腕をよく使うため、痛めないようなケアが必要。
④開業している人は土日祝日が仕事になったり、最近では日中働いているお客さんのために夜の時間にサービスをしているお店も増えてきている。

S　社会的
看　護　師

医師が患者さんの診察や治療を行う際の補助や患者さんの精神的なケアを行う仕事

職業の特徴

①患者さんが信頼して、安心できるように、コミュニケーションを取る必要がある。
②医学的な知識が必要。
③人の命を預かるため、責任感のある人に向いている。
④交代で夜勤などもあり、不規則な生活になりやすい。

S　社会的
ヘ　ル　パ　ー

高齢者や心身に障害がある人に対し、生活の援助やケアを行う仕事

職業の特徴

①行政や医療などの職員とチームで動くことが多く、基礎知識や調整能力が求められる。
②生活援助の技術・知識だけでなく、相手の気持ちを察する心、相手との信頼関係を築く能力が求められる。
③シフトによって夜間の勤務をすることがある。

S 社会的

保育士	警察官

美容師	テーマパークスタッフ

S 社会的

S　社会的
警察官

地域に住む人の安全や安心を守るために、パトロールや聞き込み、補導、取り締まりなどを行う仕事

職業の特徴

①「自分がこの街を守るんだ」という正義感が大切。
②何が起こるかわからないため、臨機応変に対応できることが必要。
③仕事中は制服を着て仕事をすることが多いが、スーツなど私服で仕事を行う警察官もいる。
④命の危険に関わる仕事もある。

S　社会的
保育士

保育所や児童福祉施設で、0歳児から6歳児までの子どもを安全に預かり、保育をする仕事

職業の特徴

①子どもが好きで、子どもの成長を間近で見たいと思えることが大切。
②1人で何人もの子どもを同時に見るため、自分の周りだけでなく、全体を見渡せる必要がある。
③子どもがケガをしないように、危険を先に回避するなど、いろいろ予測する力が必要。
④保護者との関係を良好に保つためのコミュニケーションスキルも必要。

S　社会的
テーマパークスタッフ

全国にある遊園地でお客さんが楽しい時間を過ごせるようにさまざまな作業をする仕事

職業の特徴

①どんなに疲れていても笑顔を絶やさないことが大切。
②どんな人に対しても、気配りができることが必要。
③集中力を絶やさず、きちんと安全管理をする必要がある。
④お客さんがケガをしたり事故が起きたときに、正しく冷静な判断をする必要がある。

S　社会的
美容師

お客さんの要望に応じて、カットやカラー、セットなどを行う仕事

職業の特徴

①髪をカットしたりセットするための専門的な技術が必要。
②流行に敏感である必要がある。
③お客さんに信頼してもらうためのコミュニケーションスキルや話術が必要。
④下積み時代は、自分の休みの時間を削って練習することが必要。

E 企業的

ショップ定員	営業部員

カーディーラー	ソムリエ

E 企業的

E 企業的
営業部員

自社の商品やサービスをお客さん、もしくは取引企業に購入してもらうため提案をする仕事

職業の特徴

①「人が好き」「相手の話を聞くことが好き」という姿勢を持てる人に向いている。
②個人やチームの目標設定が日または週ごとに行われることが多く、数字との闘いでもある。
③難しい要望やクレームを受けることもあり、メンタルの強さも求められる。
④お客さんを迎え入れるスタイルや、突然訪問するスタイル、電話によるセールスなど業態により、働き方は異なる。

E 企業的
ショップ定員

店頭で商品を販売したり、発注管理したりする仕事

職業の特徴

①巧みなトークや信頼できる人柄が必要。
②お客さんの購買意欲を高める商品知識やセンス、どんな相手でも話を弾ませることができるコミュニケーションスキルが必要。
③店舗ごとやスタッフごとに売上ノルマが課されることもある。
④休みはシフト制で土日祝日は出勤、かつ不定期な休みになることが多い。

E 企業的
ソムリエ

ホテルやレストランで、料理やお客さんの好みを考慮しながら、適切なワインを提案する仕事

職業の特徴

①お客さんから好みを聞き出すためのトークやコミュニケーションスキルが必要。
②ワインや料理に対する専門知識が必要。
③人をもてなしたり、喜ばせたりするのが好きな人に向いている。
④ワインに関する非常に細かい知識が必要なため、休日にも勉強が必要なことがある。

E 企業的
カーディーラー

新車・中古車の販売や、車両点検手配やアフターサービスの手配をする仕事

職業の特徴

①コミュニケーションスキルが重要。
②車の知識や特徴の把握が必要。
③お客さんへ車を販売する営業職の場合には、土日祝日は仕事になることが多い。
④購入後もメンテナンス等で長い付き合いになるため、お客さんと良好な関係を築くことが大切。

E 企業的

コンシェルジュ	電話オペレーター

裁判官	スポーツ選手（チームスポーツ）

E 企業的

E　企業的
電話オペレーター

電話を通して、お客さんに対してアドバイスや案内をする仕事

職業の特徴
①お互いの顔が見えないため、対面で話すとき以上に表現や言い回しを工夫する必要がある。
②業務に関する専門用語や知識、ルールを勉強する必要がある。
③さまざまな質問に答える必要があるため、臨機応変な対応が求められる。
④クレームの電話を受けることが多く、ストレスを溜めないようにできることが大切。

E　企業的
コンシェルジュ

ホテルやマンションで、お客さんからの要望を聞き、その要望をかなえる仕事

職業の特徴
①お客さんによって要望が異なるため、臨機応変に対応することが必要。
②難しいことでも、どうしたら要望をかなえられるか常に最善の方法を考え続ける必要がある。
③ホテルによっては外国のお客さんが多く、英語を話せることが必要。
④お客さん一人ひとりに対して礼儀正しく、丁寧かつ笑顔で接客することが大切。

E　企業的
スポーツ選手（チームスポーツ）

特定のスポーツで功績を上げ、試合などに出て、そのスポーツのよさなどを伝える仕事

職業の特徴
①仲間とのチームワークが非常に大切。
②選手に選ばれるために、個人としての技術を高めることが必要。
③その競技に対して誰にも負けない強い気持ちが大切。
④自分の体のことを理解し、自己管理できることも大切。

E　企業的
裁判官

争いごとや事件の裁判で、関係者のいい分を聞き証拠を調べて、法律に従って判断を下す仕事

職業の特徴
①人の人生を変えてしまう仕事なので、責任感の強さが必要。
②法の番人と呼ばれ、どんなときも公正で冷静な判断をしなければならない。
③勉強を続けられる向上心のある人が向いている。
④法律に詳しくない人にもわかりやすい説明をすることができるコミュニケーションスキルが必要。

C 慣習的

倉庫作業員	事務員

秘書	図書館職員

C 慣習的

C 慣習的
事務員

企業などさまざまな組織の中で、事務作業をする仕事

職業の特徴

①裏方として他のスタッフをサポートする業務が多い。
②社内スタッフと連携しながらの業務や、来客対応で会社外の人とも接することもあるため、コミュニケーションをうまく取る必要がある。
③同じような作業の繰り返しでも集中力を保って対応できる必要がある。

C 慣習的
倉庫作業員

倉庫に置いて入出庫・保管を中心とした業務を行う仕事

職業の特徴

①近年、運搬機器の発達により、重労働は減ってきている。
②冷凍・冷蔵倉庫の場合は、作業規定に十分注意して作業する必要がある。
③細やかで正確な作業が求められる。
④鮮度商品を取り扱う荷主の場合は、時間指定配送を行うことが多く、時間外勤務が多くなる。

C 慣習的
図書館職員

図書館や図書室で図書の収集や保存、整理、修復、貸出などをする仕事

職業の特徴

①本が好きで、利用者の希望にあった本を紹介することができることが大切。
②整理整頓が好きで、本をもとの位置に戻したり、本を丁寧に扱えることが必要。
③利用者とコミュニケーションを取ることもあり、礼儀正しく話せることが必要。
④「どうしたら図書館の利用者が喜ぶか」を考えながら、新しい本を読むなどの勉強が必要になることがある。

C 慣習的
秘 書

社長や重役、医師、政治家などの傍らで、庶務全般を行う仕事

職業の特徴

①メールや電話・文書などの寄せられる多くの情報の中から、重要度・緊急度などを考え、的確にまとめて報告できるスキルが必要。
②重要な会議や経営に関わる情報を耳にすることもあり、情報を漏らさない口のかたさが求められる。
③急な移動や対応、残業を求められることがある。
④外資系企業においては、高い語学力が求められる。

C 慣習的

ライン作業員	車掌

宅配便配達員	航空管制官

C 慣習的

C 慣習的
車 掌

電車に乗っている人たちを安全に目的地まで運ぶために全体に指示を出す仕事

職業の特徴
①司令塔として正確で安全な判断力が求められる。
②急病人の対応など、臨機応変な対応が求められる。
③常に安全性を求められ、長時間の集中を継続することが必要。
④自分自身の体調管理がとても重要。

C 慣習的
ライン作業員

工場などで、ベルトコンベア上に流れる製品を加工する仕事

職業の特徴
①地道な作業が多いので、集中力を持続し続けることが必要。
②立ち仕事が多く、体力が必要。
③自分が抜けると全体の仕事が滞るため、毎日の体調管理が大切。
④決められた時間の中で正確に仕事ができる必要がある。

C 慣習的
航空管制官

地上から飛行機に対していろいろな指示や許可を出す仕事

職業の特徴
①多くの乗客の命を預かっているため、正確な判断ができることが必要。
②事故が起きないように、集中力を切らすことなく仕事を続ける必要がある。
③パイロットへの指示はすべて英語で行うため、英語が話せなければならない。
④空を飛ぶ飛行機の位置関係をレーダーを見て把握しなければならないため、空間認知能力が必要。

C 慣習的
宅配便配達員

荷物を預かり、お客さんに届ける仕事

職業の特徴
①交通ルールをしっかりと理解し、その場ごとのルールに応じた対応が必要。
②1人での仕事が多く、1人でも集中して仕事ができることが必要。
③お客さんへの配達時に、礼儀正しく品物を渡せることが必要。
④配達時間を指定されることもあるため、時間を逆算して仕事をすることが必要。

監修者紹介

◆ **梅永雄二**(うめなが・ゆうじ)

早稲田大学教育・総合科学学術院教授　教育学博士
特別支援(LD)教育士スーパーヴァイザー
自閉症スペクトラム支援士エキスパート
臨床心理士

学歴：慶應義塾大学文学部社会・心理・教育学科卒業(1983年)
　　　筑波大学大学院修士課程障害児教育専攻修了(1987年)
　　　ノースカロライナ大学医学部精神科TEACCH部インターン修了

職歴：障害者就職センターカウンセラー(1983～1995年)
　　　障害者職業総合センター研究員(主に自閉症、LDの就労支援の研究)(1995～1998年)
　　　明星大学人文学部心理・教育学科講師　助教授(1998～2003年)
　　　宇都宮大学教育学部特別支援教育専攻　教授(2003～2014年)

専門：自閉症、LD等の発達障害児童生徒の進路相談、就労および居住支援

◆ **スマートキッズ療育チーム**

児童発達支援事業と放課後等デイサービスという福祉サービスを提供しています。3～5歳の未就学のお子さまと小学生のお子さまを対象にしたスマートキッズプラス、中高生のお子さまを対象としたスマートキッズジュニアを運営しています。学校が終わったあとや休日、長期休みの間などにお子さまに対して居場所を提供し、一人ひとりの課題解決に向けて支援を行います。療育チームとは臨床心理士、キャリアコンサルタント、看護師、保育士、教員、産業カウンセラー、言語聴覚士、社会福祉士、介護福祉士等の実務経験を持つ社内スタッフで構成されるチームです。療育支援、保護者支援に加えて子どもたちの将来の「はたらく」を見据えた、早期からのキャリア教育支援も行っています。

執筆者紹介

- **梅永雄二**　(監修者)
- **安田　賢**　東京都立港特別支援学校進路指導主幹
- **鈴木瑞哉**　独立行政法人高齢・障害・求職者雇用支援機構
- **スマートキッズ療育チーム**

〈教室所在地〉　東京都・千葉県・埼玉県・神奈川県・大阪府
〈お問い合わせ先〉　お電話から　03-6458-5456
　　　　　　　　　メールから　info@smart-kidsplus.jp
　　　　　　　　　HPから　http://www.smart-kidsplus.jp

発達障害の子どもたちのための 子どもたちの「やってみたい！」を引き出すキャリア教育

2017年3月15日　第1版第1刷発行

監　修	梅永雄二
	スマートキッズ療育チーム
発　行	有限会社　唯学書房
発　売	有限会社　アジール・プロダクション

〒101-0051　東京都千代田区神田神保町2-23アセンド神保町302
Tel 03-3237-7073／FAX 03-5215-1953
URL http://www.yuigaku.com/

印刷・製本　中央精版印刷株式会社
デザイン　米谷　豪
DTP　　　株式会社ステラ

©smart kids 2017 Printed in Japan
ISBN978-4-908407-09-3 C0037

乱丁・落丁本はお取り替えいたします